宋史

元脱脱等撰

第二一册

卷二二九至卷二三一（表）

中華書局

宋史卷二百二十九

表第二十

宗室世系十五〔一〕

			欽國公、謚密靖仲胡	武經郎士挹				
				修武郎士龜	成忠郎不學	善元		
					訓武郎不居	善劬	汝必	崇僊
							汝壔	
							汝琦	

不遲														
善勔	善勑	善劼		善勵							善勛	善助		
汝晃		汝璯	汝玷	汝瑒							汝璪		汝琲	汝璘
崇迢	崇衖	崇衛	崇佺	崇汰	崇宰	崇丕	崇繩				崇準		崇茇	
必玫		必宥				必垟	必莒	必煊	必烰	必熼	必爟			

							武翼郎	士墾						
						不佞	修武郎	不朋						不疑
								善志					善沛	善泄
								汝遷	汝霙			汝桒	汝旌	
		崇懍	崇懕	崇禧	崇愿				崇湋	崇濾	崇浓	崇裪		
必地	必坤	必顒		必翌										

													贈武經郎	士瑟
								不虛	忠翊郎	不誣		不傾	修武郎	不彿
善鍔			善矼		善負	善[忄卿]				善江	善潞	善輹		善淵
汝命	汝置	汝孯	汝愿	汝皓		汝續	汝緗							汝嚞
崇瓓														崇果
														必儦

						秉義郎	士睢					左侍禁	士値	修武郎
	保義郎	不恍		不慄	不慴		不博		不倦		不非			
		善修					善樅		善治					
		汝劓	汝紡				汝爛		汝千	汝諸				
崇桁			崇褌				崇淲	崇橡	崇遵					
								必鑄						

士跡　士棚
不吝　武翼郎贈宣義郎不崖
善積　善溥　善仲
汝雨　汝儁　汝與　汝論　汝設
崇禪　崇柅　崇椇　崇榜　崇櫑　崇桯　崇樎　崇堭
必瑛　必珽　必瑾　必玉　必璽　必堅　必望
良翁

					忠訓郎	士逌	修武郎	士還						
			不窮	不譏			承信郎	不必				不思		
								善錯	善溢	善膠		善年		
汝語	汝詞	汝記								汝褕	汝服	汝絺	汝殖	汝繸
崇垚	崇璪	崇塘										崇暰	崇灑	
	必溼													

		武節大夫士遏								武經大夫士隆
		不粗	贈宣教郎不撥					不柔	忠訓郎不書	秉義郎不汲
	善悉		善適					善道		
汝愬	汝徇		汝沃	汝潢	汝湉	汝洍	汝淤	汝霊		
崇佂	崇曹		崇勵	崇柄		崇嵲				
			必晀							

忠翊郎不殄							不殞				武翼大夫不忘	
善倜	善倚					善莅	善諶				善爽	善弇
	汝銖	汝鏑	汝鋌	汝鐵		汝鏵	汝蓍	汝盟		汝溋		
	崇澤			崇淟	崇僌			崇佫	崇垙	崇墬		

						迪功郎	不汼			不佸				
善徯				善蓁	善衹		善岦	善窜	善賽	善賓	善戒	善遨		善奇
汝柢	汝橓	汝棡	汝榴	汝核								汝畬	汝鏖	

臨汝侯宗孟	舒王、謚安孝宗肅				
	華原郡公、謚僖節仲先				
	華陰侯士稷				
不倭	商國公不屈		訓武郎不濁	宣教郎不辱	
善倿	善通	善膺	善轍		
			汝詷	汝躬	
			崇轅	崇轐	

							武功郎	士膪						
贈武經	大夫不	泯						不淪	秉義郎	不瀆	成忠郎	不汨		
		善虎		善豹								善梜	善山	
		汝樘		汝誅		汝說							汝眠	
		崇檷	崇此	崇現	崇琁	崇琓							崇逮	崇邀

							東頭供奉官士侏							
						不涸		忠訓郎不溢		武翼郎不憘				
		善峻									善孚			
	汝逸	汝恤	汝懁	汝惔	汝懻						汝矞			
崇迼											崇暕	崇晤		崇睽
											必湼	必憙	必憲	必董
											良鋈			

	崇昕	必蕾	
汝闔	崇嚼	必鄭	
汝翌	崇昪	必耀	
	崇壆		
汝憕	崇暄		
	崇暐		
	崇旼		
汝白			
汝怘	崇暘		
	崇昆	必諶	
		必訒	
	崇晞	必訶	
汝邃	崇昕		
汝嶠	崇晀	必濎	良穩
	崇腆	必襆	

									修武郎不鑑					
		善祐						善覺	善壽			善滐	善遠
		汝諳			汝盟				汝泝	汝豫	汝逢		
	崇侵	崇峉	崇畬	崇櫰	崇檜		崇櫓		崇訒	崇稹			
必衛	必瀕		必陖		必焟	必烯	必烷						

								博平侯	仲丁	房國公	仲曉		
										忠順郎	士迁		
										贈朝散	郎不惑		
善格								善沿				善濱	善弜	
汝墍				汝栻	汝滅	汝減	汝濨	汝澳					汝琢	
崇畚			崇謍		崇廉		崇箴	崇眲					崇譏	崇櫄
必臻	必瑰	必理			必棍		必諱						必杵	必潚

		善沇			善祄				善蘾				善漣	
	汝璣	汝球		汝韡	汝璧	汝瑺	汝璲		汝減	汝珠		汝杜	汝艁	
		崇垗	崇潔			崇朋	崇雋	崇堉	崇鏕	崇瀀	崇鋺		崇岳	
必淲						必莅							必𧯷	必豐

					武翼郎	士那								
						不怍	不慊	不懈	不慍	不愧	不惡			
											善行			善鑒
			汝蕚	汝畬							汝巙	汝⿰山直	汝茪	汝岷
			崇皇											崇彼
必崘	必⿰山直	必嵱												必檽

							不慠	不悚	從常郎	〔三〕不忏				
						善盡				善縻	善扃		善膺	
汝客	汝峎	汝峒	汝⿰山晉	汝⿱宀⿰山寸	汝⿰山汯	汝崢				汝櫂	汝梭	汝穰	汝接	汝機
										崇穆			崇芫	崇薹

			武翼郎士[illegible]										
			不恫								不懾	不怖	不懼
善廣			善輪							善輯			
汝椆	汝槮	汝當	汝琴		汝揟			汝鍼		汝覺			
	崇譸		崇瓔	崇璭	崇[illegible]			崇鍓		崇纁			
					必㧯			必鐱	必堵				
					良壉	良圳	良堜						
					友誼								

忠翊郎	士衛	忠訓郎	士諒											
	不悚	承節郎	不惁											
			善誘					善詩						
			汝倧		汝仟			汝武	汝卷					汝叵
			崇浮	崇洔	崇埬	崇圵	崇塲	崇晅	崇鑢	崇𡒄	崇儀	崇墜	崇攮	
										必鎜				

仲洸	建安侯													
士悳	武德郎	士攺	保義郎											
不苟	修武郎			不慾	不怠						不懟	承信郎		
善銓						善剎					善雱			
						汝鷹	汝爵	汝岊	汝戚		汝闢		汝鍼	汝玪
							崇榔	崇吟	崇濼	崇鏞	崇鍼			

				秉義郎士應	忠訓郎士忠	武翼郎士寄				
			承信郎不貪			忠訓郎不湮				
善驐	善蹾					善證				
	汝彷	汝台				汝鎵	汝銃	汝釤	汝鉤	汝鎌
							崇濔			

									左武衛	大將軍	仲肭			
							成忠郎	士倫		左班殿	直士訢	右班殿	直士僖	敦武郎
修武郎	不注	保義郎	不渨		不淺			不恁			不惹			承信郎
			善顒		善納	善謀								
			汝塙	汝塖	汝佋	汝𡪢								

														士軹
												不惕	忠翊郎	不愚
												善纚		
	汝堃			汝璠								汝玒		
	崇迾	崇遯		崇貫	崇邋	崇迯				崇遈	崇邈	崇遹		
	必柚		必鋒	必弜		必穡	必漕		必濯	必濼	必溢			
良洊	良瓚							良瑠	良瓛					

											東陽侯	仲墊		
											武經大	夫士販		
										不危	承節郎	不悱		
								善綬				善長	善才	
								汝傳	汝瑀				汝燔	
崇遁	崇逵	崇潄	崇泄		崇遷				崇義				崇墢	
	必野		必璑	必褓	必璬	必[illegible]	必瑽		必瓖				必臬	必穎

善數												善孜		
汝誦	汝鞏				汝譁					汝翟	汝羿	汝靄	汝雯	汝堂
	崇珎	崇璣		崇琛	崇溼	崇琡			崇球			崇祗	崇珋	崇押
	必榣	必枋	必橡	必槐		必轔	必轢	必瑝				必集	必錊	

		善湨												
	汝济	汝暶							汝鑅			汝堣		
崇誐		崇念			崇忑	崇恰		崇愜	崇豎	崇秧		崇湎		
必莱		必沆	必沾	必滑	必架	必湛	必澠		必壂	必汪	必潮	必股	必肱	必鐙
		良栓	良槮											

不華

善倣

汝琊　汝瑧　汝至

崇悬　崇恐　崇鑃　崇惣　崇㦄　崇惠　崇鋈　崇煐　崇熽　崇倉　崇僉　崇侖

必膝　必炇　必栗　必櫅

		右班殿	直士晰	武翼郎	士瞭	秉義郎	士饌							成忠郎
不蔽	不苛						不羣					不迷	不移	
							善何	善惇	善憭	善仰	善億			
							汝環			汝述				

平陽郡王、謚僖

河內侯仲秉
康州防禦使仲藕
彭城侯

士顏
贈中大夫士皤
右班殿直士來
從義郎士齠
武經大

不欺
不曦
不斯
保義郎不憫
承節郎

善辛
善亢

汝儔
汝唻
汝需
汝昊

崇棣

裕宗翰														
仲韡														
夫士瑱														
不緬														
善旟											善旅			善敷
汝奎										汝譓	汝夸	汝稠	汝栵	汝讘
崇潗			崇鉽	崇鋑			崇鈱		崇鐫	崇玎				
必壢	必鏛	必埏		必墜	必琦		必葵	必萱	必鋌					
				良歷	良冰	良涚								

	武翼大夫士賓				武節大夫士崇					
不瑕	忠訓郎不緑			不猛	不欺	贈訓武郎不爭				
	善衷					善報		善貢		善棠	
	汝菶	汝藩	汝置			汝瓏	汝璫	汝皜	汝梱	汝得	
	崇儴						崇瘴		崇荷	崇序	崇廠	崇廥

				安康郡公仲蘐							
				武德郎士陾	贈朝議大夫士珇						
		不悔			訓武郎不去						
		善造	善果		善言	善訶				善沅	
汝驎	汝繡					汝葑	汝荾			汝潩	汝漑
崇[illegible]	崇麃					崇鍾	崇錙	崇緝	崇綸		崇宸

				不弱	不邪	不危								
			善菶	善世							善說			
			汝晛				汝艽		汝藝	汝仿	汝龍	汝嶔	汝岡	汝崍
崇綜	崇紆		崇絧				崇祓	崇[亻既]	崇拊					崇宬
		必頎	必顒											

									善滲					
	汝慛	汝珎				汝權	汝福		汝譓				汝諻	
崇結		崇餙		崇蓀	崇消		崇侲	崇伈	崇瑝		崇墳	崇饌	崇酉	崇鄭
		必傪	必僴						必襘	必裌				

			不泰				不亂	保義郎	不掎					
			善僲			善纕			善芭			善棨		
汝炘		汝鯖	汝俹	汝毅	汝筴	汝晃			汝誀		汝秩	汝勩		汝⿰亻步
崇倩	崇絢								崇⿰禾來	崇⿰矛旁		崇⿱艹追		
												必⿺辶亟	必⿰金悠	

保義郎
不括

善棐　善遡　善棨　善櫞　善葦　善櫓

汝謝　汝廩　汝虛　汝摙　汝拚　汝摛　汝趫　汝溢

崇禥　崇禰　崇䄆

必壙　必𡊸　必庳　必光　必爆　必燸

						保義郎	不及			宣教郎	不憤			不息
善莆			善藝				善暇	善神	善熺		善䛴		善諫	
汝衡		汝藟	汝滑		汝暢		汝偷				汝亶			
崇傜	崇夔		崇湑	崇鏖							崇在	崇堊		

左朝散大夫士縯											秉義郎
左奉議郎不尤						從義郎不曲					
善芬	善呼					善至					
	汝謳	汝衮	汝床	汝亢		汝歔	汝晦		汝弢		
	崇咨	崇偹		崇纖	崇緣	崇淞	崇莊	崇蓆	崇譓	崇萬	
		必琿						必遨			

士槩	左朝散大夫士縠								
	成忠郎不惑	忠翊郎不忒	不悔	朝奉郎不汚					將仕郎不簡
				善穀		善靜		善誙	
				汝俳		汝衘	汝体		
				崇烈	崇寔				
				必藼					

		武翼郎士多										
不競		不讓										承信郎不誹
善瀾		善祕	善婁								善壂	善遷
汝燭	汝瑋		汝迮					汝遃				汝潡
			崇相	崇栖	崇桎	崇箱	崇櫳	崇基	崇薇	崇簹		

					善沼									
汝邂		汝逆	汝遛		汝憲	汝悠	汝薏			汝譩	汝点	汝愈	汝窓	
崇倂	崇偱	崇伅	崇億	崇儅			崇摻	崇欀	崇杯				崇瑫	崇珴

												忠翊郎士圉
	訓武郎不訕											不屈
	善藺		善蘧			善炏	善蒖					善智
	汝龜	汝馳	汝剡			汝烐	汝琔		汝瓃	汝瑞	汝𤦺	
崇璩	崇点		崇秠	崇𥟉	崇稽		崇湖	崇澠				
	必澪											

	贈武功郎仲詢									
	忠翊郎士鏊		忠翊郎士機							修武郎士張
	不伐		秉義郎不矜	保義郎不侮			不礙			不倨
善從	善論	善試		善諟			善制	善譽		善譚
		汝瀷		汝儈	汝佁	汝得		汝稐	汝穗	
					崇礱	崇憒				

	武翼大夫士矗	秉義郎不勞	善迫	汝鏵	
		保義郎不假	善晄	汝衍	
			善胖	汝概	崇徜
		保義郎不佪	善禮	汝滮	
				汝沸	
				汝洑	
		不傪			
武功大夫、復州防禦使仲檝	左朝散大夫士㢝	承直郎不伐	善玭	汝洽	崇誶
			善琜		

								敦武郎士書	修武郎士勑		
		不諛				左文林郎不諼				忠訓郎不敏	
善玢	善譸	善彥				善化	善仁		善琁		
		汝褎			汝瀼	汝悏	汝檻		汝俵		汝傳
		崇澳	崇漪	崇渡		崇複	崇培		崇檖	崇旎	崇紘
						必勸	必洪				

不	善	汝	崇	必
		汝偡		
		汝佇		
		汝儢	崇總	
			崇紼	
		汝𠑡		
	善達	汝徚		
		汝佃	崇滚	
忠訓郎不苟	善邁	汝儴	崇潮	必枱
				必枇
				必橡
	善則	汝盱	崇添	
			崇秧	必雩
			崇穫	
			崇秢	必榌

								不求						
				善聑				善輗						
				汝垎	汝皐	汝栓		汝椽		汝鍑		汝睕		汝䁒
崇衚	崇𥝩	崇佴	崇儵	崇儦			崇炲	崇𤑔	崇寂	崇窵		崇撫	崇硫	崇硲
	必濱	必溉	必瀍								必圯	必燋		

		善閈	善驩			善惪								
汝禑		汝眶		汝泜	汝洊	汝潏			汝埱					汝墠
	崇逘	崇𨘷		崇鐭			崇𥪕	崇竝	崇倌	崇𨂝	崇靖	崇竘	崇韻	崇嶒
														必𦢊

												士壥保義郎	
									不隱	不僈	不愚	不慽	
善是		善畢		善瑫								善逑	善遠
汝彶	汝偋	汝話		汝偏			汝代	汝鐥					
		崇檀	崇橼	崇椒	崇梨	崇郴							

濮王、謚安懿允讓

舒王、謚良靖宗

太子右內率府

武翼大夫士瓌

承節郎不孤
承節郎不嶇
修武郎不惿
成忠郎不㥜

善道
善昪
善珗
善璛
善儼
善側
善儃

汝復
汝疑
汝清
汝潭

懿														
副率仲	鼎	太子右	內率府	副率仲	矯	贈右屯	衞大將	軍仲辰						
							洋國公	士健	建國公、	謚愿恪	士宥			
							右班殿	直不辱		忠翊郎	不危	保義郎	不誕	贈慶遠
											善洪			

1	2	3	4	5	6	7	8	9	10	11	12	13	14
不詠承宣使													
善聲										善拱	善綺		
汝棨					汝桁				汝權		汝甲		
崇瓌			崇瑑	崇琨	崇歆	崇琍					崇戢	崇昉	
必僑	必俶					必伾	必佀	必仍			必珁	必璭	必垙
	良財	良時											

									善楑					
		汝坤					汝壬	汝徑	汝機		汝醇			
崇鼐	崇駇	崇鑌	崇錝	崇銄	崇釬	崇錦	崇相		崇蓮	崇迺	崇遇	崇佩		崇倌
									必圭			必伷	必佃	

			善劭	善鎔			善瑜				善玭			
				汝熠			汝渾	汝暠			汝載	汝紳	汝珊	汝鼇
崇[亻尌]	崇佾	崇侵		崇[歹卒]	崇豹	崇[豸阝]		崇堞		崇圯	崇蓺		崇銛	崇僝
								必銈	必償					必寅

洋國公、諡良仲　鸞

南陽侯　士愫　右班殿直士膴　右班殿直士胥　東頭供奉官士更　左屯衛大將軍士騅

崇繙

必寮

				贈左屯衛大將軍士琜	贈武翼郎不憒	善湝	汝允	崇該	
								崇誇	
								崇[言豈]	
							汝虞		
							汝遊		
				右監門衛大將軍士岸					
			榮國公、						
			諡僖惠	惠國公	贈武節				
			仲隗	士洞	大夫不				
					窒	善聽	汝作	崇昪	
								崇晟	必壽

					汝僚		汝佫							
					崇賈	崇畛	崇畿	崇昊						
必袗	必煉	必遙	必來	必雷		必霆	必袗						必彊	必雄
				良榮	良瓚		良玩	良瓚	良瑛	良璄	良球		良琰	

		崇贊				崇賁	崇賀

		善球	善嫺			善承								
			汝腨			汝宣								
崇貢			崇俓	崇僔	崇儴	崇端						崇夔	崇奎	
必塳	必塡					必在	必埜	必墾	必塵		必抑	必釿	必肯	必膜
									良久	良金				

				善夫										
汝寘	汝室			汝彝	汝訓			汝丕	汝琮					
	崇漸	崇佻	崇儛		崇應	崇悠	崇慥		崇傑					
						必揆	必鉉		必久					必修
									良繡	良[馬豈]	良驊	良駒	良馸	

						汝坦	汝敏						汝瑄	汝珪
							崇憋					崇悬		
必直	必裌		必杼	必檡	必杆		必驤	必[木爲]	必裪		必橞			
	良濱	良瀍			良烇			良[忄向]	良鋺	良鍈				

汝⿰王覃	汝瑮		汝潛									汝樅		
	崇邇	崇偃	崇略	崇稷						崇嚋	崇里	崇圍		
			必識	必均		必堪	必墉	必培	必壃			必勉		
				良夔	良埳							良椽	良潟	良楷
												友⿰氵亮		

	不圬修武郎												
	善冲												
	汝植												
崇漋	崇汭								崇虎				
必鉇	必託	必鉤	必鐨	必[illegible]	必鏒		必銓	必錀	必錧		必楫		
	良錙					良楰	良桸	良瓌		良樽	良楷	良樘	良枌

						善緻								
		汝根				汝秩				汝樟	汝祚			
		崇泮			崇濠	崇丞					崇魚			崇炥
必鎦	必鐏	必鍏	必監	必錝		必育	必鍸	必錁	必鋺		必鏋	必墅	必棡	必埍
		良𤩽					良溱						良巘	

							贈武顯大夫不		菽					
善隅									善藩	善惇	善忭	善恬		
汝柯		汝樫	汝椐	汝梋		汝澺						汝禛	汝傁	
崇熽	崇熅			崇煊	崇炆	崇鑌							崇講	崇[illegible]
													必[illegible]	

							贈武顯	郎不譓						
								善協				善悛	善怡	善滙
汝揀					汝杓	汝攽		汝悌	汝佐			汝臆	汝禆	汝憶
崇譚		崇謝	崇橋	崇樿					崇澶	崇鄭	崇杍	崇戮	崇諫	崇甯
必炢	必泯													

唐州刺史士混

忠翊郎不奓
忠翊郎不諞
保義郎不翳
忠翊郎不許
忠翊郎不綏
忠翊郎不倔
忠翊郎

汝悍
汝愐

榮國公、謚僖安
仲汾

榮州防禦使士
灞
嘉州刺史士灦
右千牛衛大將軍士逢
右班殿直士茁
贈武略大夫士
愚

不野
忠翊郎不協
右班殿直不偬

				贈左衞大將軍士弸	修武郎不濁	善敗			
						善綱			
						善續			
					忠翊郎不毀				
					贈武功郎不犯	善砥	汝祿	崇珄	必儼
								崇琠	
							汝發	崇檀	必沖
								崇楻	
							汝褭		
							汝崧		
						善愭	汝峙		

											武節郎	不舛		
						善傪							善樂	善禧
汝岐					汝研	汝宸	汝濙			汝熽				
崇瑛			崇灊			崇甸	崇[illegible]	崇珻						
必淤	必湔	必彤	必鈐	必錆				必涷	必澗					

右班殿直士偅	贈昭義軍節度使、和義郡公士				
	保義郎				
善竑	善椅	善紬			
汝琫	汝瑦	汝瑀	汝瑻		
崇鉫	崇舫	崇勵	崇劬	崇勅	崇鄱

贈				贈左領軍衛大將軍士恕				
不彼	秉義郎不惔	訓武郎不斥		武翼大夫不夸				
	善贊	善包		善靜	善惄			善覲
	汝工	汝鉹	汝鑪		汝橙		汝移	汝杆
	崇詷				崇薰	崇默	崇熗	崇熮	崇闟
	必澌				必樅	必塛		

			汝槸	
惠國公士㑭	贈武德郎不凋	善秦		
		善莜	汝來	崇堆
				崇鈗
		善侗	汝概	
			汝檀	
			汝棋	崇睞
			汝捨	崇試
	贈武顯大夫不達	善奐	汝迸	崇壽
		善夷		
	武德郎不憐	善纂		

吳興侯
士峛
右監門衛大將軍、泰州

秉義郎不頗
贈武翼郎不杭
襲贈嗣濮王不湊
保義郎不惆
保義郎不屑

善棋
善鍕

汝灴

防禦使
士懤
舒國公
士阫

成忠郎
不恝
成忠郎
不咢
贈武翼
大夫不
廦

善收

汝穫
汝播
汝殊
汝溢

崇禷
崇祲
崇鋻
崇袏
崇褸
崇櫝

必栶
必椯
必穗

追封益王不廷													修武郎不恡	
	善綜			善編	善楺	善晙			善盼	善琡		善畦		善戹
	汝珣		汝劀			汝夲	汝穮	汝秔		汝㮚	汝授			
	崇賑	崇暉						崇穜						

定王〔三〕、謚僖穆	宗樸							
太子右內率府副率仲蔚	華原郡王、謚惠孝仲佺							
馮翊侯士根								
右班殿直不凷	不洞	贈武德大夫不						
善彌	善靄							
汝瑎	汝璽	汝圮	汝啓	汝澌				
崇圓								

誙														
善爽														
汝海											汝周	汝森	汝禧	
崇蓬	崇蓍	崇蒿				崇邁	崇蕣	崇遵	崇蓫	崇葑	崇快	崇攙	崇偵	
必矚		必梧	必梓	必櫰	必梗			必侗		必噉		必琥	必建	必嘉
		良悀												

					善身									
			汝洁		汝寧					汝守				
崇佟	崇俒	崇僀	崇冲		崇賞	崇能	崇厲	崇謦		崇儲				
必宭		必櫅				必褕		必典	必洌	必灝				
										良壎	良垌	良境	良⿰王甚	良協

									善賢			善談		
				汝審	汝宰		汝容	汝蕩	汝宅		汝衆	汝孝		汝悉
					崇崋				崇戊	崇衎	崇愷	崇魁	崇鯉	崇磻
必濘			必演		必昺	必最								必泆
良咊	良講	良託												

		不下	贈武顯大夫不艾									
			善蘊									
			汝謏	汝柟								
崇礦				崇懋			崇思					
必鏃	必鎏			必存	必汴	必瀜	必俵		必俯	必佩	必俄	
							良珃	良濼		良耶	良璔	良琯

		崇愚	崇聰	崇隱		崇感	崇城	崇歷						崇侯
必傣	必侯			必侈	必傷	必值	必儼	必佺	必偬	必俸	必偒	必俻	必僥	必垺
					良璹									

不疾														
								善鄰						
	汝灒			汝勢				汝凝	汝楨					
		崇[忄賓]	崇悌	崇恢				崇擽	崇炧	崇側				
			必墒			必祇		必祚			必[土票]	必埴	必封	必塡
					良[王尼]	良瑱	良璡	良瑁						

												惰	贈武功大夫不	
										善登	善讜			
汝綱										汝明				
崇山						崇臨				崇孚				
必式	必諲				必誨	必誼	必繩	必閎		必作				
良釗		良[illegible]	良璐	良璹	良[illegible]	良瑧		良僕		良侳	良儐			
友澩														

善嵒														
汝堪		汝祜												
崇訓		崇快	崇蓬		崇達		崇渙			崇革				
	必調	必儗		必淰	必鈆	必鍵	必鏗	必鏜		必迎		必垟		
								良瑨	良瑮	良[illegible]	良鏶	良鑠	良鐗	良鉤

汝康

崇議　崇謨　崇詁　崇禔　崇闇

必位　必傳　必僎　必蔴　必苁　必薦　必蘭　必蕀　必菆　必蔭　必芳

良璋　良瑮　良瑄　良璃　良瑔　良琤　良珇

							善與					善充		善序
							汝錡	汝瑜	汝帖	汝爗		汝寶	汝武	汝埯
		崇諹		⿰言支				⿱⺮廣		崇杭				崇鑽
	⿱艹态	必琨	必瑃	必優	必輰	必儋		必鐖		必謲	必譔			必澎
良珽	良琢			良鋈										

									贈武略大夫不過					
										善蠲				
			汝昌	汝贇			汝奭			汝瑛				
崇浙				崇英						崇環				
必寄	[illegible]	必室		必演						必連				必選
良鋋				良挑	良枋	良佪				良植	良橦	良梾	良什	

									武德郎	不偷				
										善庥	善植	善默		
	汝珍			汝珙	汝璵							汝政		
	崇鏞	崇鉉	崇鎡	崇鉄	崇銘	崇鉞		崇鉅				崇汃		崇浞
必遡	必遣	必添			必滙	必尻	必存	必泞				必祗	必僊	
		良棪			良暮		良壅						良璹	

										善輳				
		汝棌			汝宿			汝宇	汝汧	汝嗣			汝增	
崇泠	崇煥	崇与	崇幸	崇隼	崇坾	崇埭	崇塗	崇鉁		崇鼈			崇佬	
必祚	必壞									必瓘	必埣	必壔	必絺	必繼

華原侯士型													
武經郎不昧													
善室						善壽	善地	善瑊			善寧		
汝隨								汝諸			汝詩		
崇稽	崇服			崇臍	崇緘			崇琤	崇珉	崇畤	崇徯	崇墀	
	必修	必仞	必仂						必沃			必淶	必漬
	良驥												

														右千牛
		忠訓郎	不弛	從義郎	不認									
					善拭					善旂				
					汝繽				汝給	汝景	汝培	汝溉	汝潽	
崇勁	崇葉				崇机	崇桴	崇檜	崇杜	崇洞				崇榛	
必識					必儍									

衛將軍士⿰忄脊				武經郎士釃							
不謏	不垂	從義郎不湮		修武郎不遽							
		善播		善棽							
		汝稠	汝雩	汝譪							汝瀏
				崇泰	崇益	崇弼	崇直	崇翰			崇鼎
						必迋		必俏	必倧	必個	必棨

							太子右監門率府副率士覣
			成忠郎不恣	成忠郎不徐	成忠郎不昏	成忠郎不涸	
	汝湛						
	崇省						
必儭	必萊	必蘭					

右班殿直士駉	贈金吾衛上將軍士覗				
武節郎不庶					
善權	善模	善射	善開		
汝棨	汝琭	汝仰	汝汪	汝奧	汝宛
崇褚	崇㑥	崇袂	崇沔	崇滿	
必玩	必璶	必瑜	必鋠	必淖	

不憾　不懆　成忠郎　不幽　保義郎　不怟　保義郎　不侈　贈朝請

汝富　汝寄　汝寓　汝宇

崇梘　崇蓋　崇蘆

大夫不	忆													
	善求	善躬						善偰						
		汝伾					汝僖	汝裖	汝禔	汝祲	汝祖	汝禘	汝襗	汝祠
		崇光	崇侁	崇親		崇椸		崇逾	崇迒					
				必膳	必腒	必檁								

										右千牛衛將軍士靚
					贈武功大夫、吉州刺史不譩					不慴
善窿						善技			善掖	
汝禕	汝祓		汝椆	汝袍		汝闔			汝閱	
	崇递	崇逯	崇㴰	崇蒳		崇遖	崇廚			
							必憺	必恔		

華陰侯仲龐
太子右內率府副率士瓔
不愧

榮國公、謚和思仲僩
右侍禁士愷
太子右內率府副率士涌
秉義郎不泯
右班殿直士荇
贈少師、思王

諡溫靖	士俴													
修武郎不閟				贈武略大夫不闞										
				善積				善稱						
				汝謀				汝讚	汝諡	汝憼				
				崇峃		崇孝	崇孛			崇綱	崇泉	崇癸	崇隊	崇鑨
				必揆	必檀		必仩			必諻				

							贈宣奉大夫不閔						
		善掄				善植		善宅		善鍈			
汝諭		汝崿				汝利		汝與	汝處	汝奭		汝浯	汝汭
崇朴	崇剎	崇塔	崇墻	崇圾	崇壊	崇圜				崇粲	崇灢		崇⿰禾耑
必複													

贈集慶軍節度使不踧

善崇　善率　善悏　善改　善全

汝玘　汝瑾　汝瓓　汝監　汝昭　汝玲

崇夭　崇季　崇秥　崇常　崇食　崇忱　崇軸

必櫻

善扶

汝式 汝盡 汝汸 汝潎 汝儀 汝礩 汝臻 汝叶 汝右

崇鏶 崇低 崇昚 崇庡 崇昳 崇儓 崇譙 崇警 崇鉐 崇鍦

必櫟 必苯

														贈武功
			善瀹		善韶									
	汝吾	汝戢	汝⿰言斯	汝諰	汝硬						汝⿰王止	汝畀		
崇釰	崇葦		崇旒		崇磽	崇嶒	崇嶸	崇虞	崇鈇	崇⿰言亦		崇嵱	崇⿰王畢	
								必彩					必謗	

郎不鈷										贈武德郎不戾		
善訏										善圓		
汝璲	汝瑑			汝璀		汝玻	汝珀			汝留		
崇以	崇櫻	崇欘	崇村	崇栛	崇秝		崇𨏶	崇軼	崇𨍴	崇職	崇醇	崇雋
必僭										必逋	必適	必脞

											贈武顯	大夫不	昲	
						善珂			善鏞	善施			善翃	善謨
				汝扛	汝尨	汝檮		汝詠	汝巧	汝班				汝騏
崇謎		崇論	崇遭	崇抗	崇楪	崇邾	崇邦	崇昝						
必壅	必堅	必滃	必釼											

													贈太傅、	安王士
											忠訓郎	不拂		保義郎
			善倪			善摯								
汝總	汝豪	汝扔	汝僉	汝惎	汝搸	汝寧	汝豐			汝霆				
			崇誓			崇遜	崇岑	崇舍	崇侖					

輻

不慍　忠翊郎不怟　保義郎不屈　朝奉大夫不熄

善騰　善腆　善肱

汝瓈　汝淖　汝澰　汝頫　汝灃　汝瑜　汝珅　汝瑧

崇譣　崇謻　崇鏄

太子右內率府副率士程　贈左屯衛大將軍士陊　贈開府儀同三司、永國公士芑

天水縣開國侯不舍

善所　善璵　善曈　善旰

汝琢　汝瀕

太子右監門率府副率士經　太子右監門率

善昕　善映　善曇　善昔　善皆　善晏　善量

汝埭　汝昶　汝欐　汝楯

仲壬	博平侯	仲敳	右監門率府率					
右監門	右千牛衞將軍士雰	右班殿直士瀼	太子右內率府副率士詥	府率士妙				
崇傑								

衛大將	軍士㚟		太子右	監門率	府副率	士遏	右千牛	衛將軍	士𧄍	右千牛	衛將軍	士焯	右千牛
贈訓武	郎不遏							保義郎	不彼				
	善圭												
	汝琚	汝璽											
崇徆	崇潳												
必磸													

衛將軍									
士齊									
右千牛衛將軍									
士紱									
武略大夫士纘	修武郎不訟								
	贈朝散大夫不訴	善豐							
		善新	汝倣	崇讙					
				崇論					
				崇諝					
				崇訷	必炿				
				崇覞	必薵				

				汝偰	汝俓		汝偓	汝佟					
崇譄		崇鷹			崇靇	崇麅		崇[illegible]	崇[illegible]	崇駒	崇驄	崇騋	崇漠
必熠		必炵	必爖		必崗	必寵		必洴	必汝				
良輢	良輕	良輹											

廣陵郡王、謚莊孝宗誼
英國公、謚孝僖仲諭
太子右內率府副率士悟　太子右監門率府率士□　右侍禁
秉義郎不詡
善莪
汝倇　汝侼　汝倸　汝侵

果州防禦使仲證

士㷍

右班殿直士侅

右監門衛大將軍士錞

右班殿直士鋾

左班殿直士鈞

右千牛衛將軍士鎰

階州防

羆使仲
縱

右班殿直士料
右監門衛大將軍士穲
太子右內率府副率士振
太子右內率府副率士祺
太子右內率府

副率士祵	太子右內率府副率士禟	太子右內監門率府率士櫻	太子右監門率府率士禧
成忠郎不情			

校勘記

〔一〕宗室世系十五　本卷在影印永樂大典抄本（以下簡稱大典本）册一三三二卷一三〇一七中，標題作「宗室十八」。與本卷校對，差異頗多。現除文字顯有訛誤及少數殘缺處據大典本逕行補正外，均不更動，亦不據以出校。以下第一六、一七、一八等三卷同。

〔二〕從常郎　查本書職官志階官中，文官有從事郎、從政郎，武官有從義郎，而無「從常郎」，表誤。

〔三〕定王　原作「和王」，據本書卷二四五濮王允讓傳、東都事略卷一六濮安懿王傳改。

〔四〕少師恩王　原作「太師恩王」，據本書卷二四五濮王允讓傳、宋會要帝系三之一四改。

宋史卷二百三十

表第二十一

宗室世系十六〔一〕

餘杭郡王宗詠		
東陽郡公、諡榮順仲曄	富水侯仲山	
富水侯士掞		
右班殿直不丕	右班殿直不亶	訓武郎

溫王宗師				
太子右內率府副率仲坦	安定侯仲廩			
廣平侯士潁	贈左衞大將軍士瑮	贈左屯衞大將		
不遲	右班殿直不丞	左朝請大夫直徽猷閣不試	成忠郎不玩	從義郎
善萋				

軍士怢								贈左領	軍衛將	軍士馨	贈千牛	衞上將	軍士惓	
不揜									忠訓郎	不熠		贈太中	大夫不	積
善交		善止												善言
汝霖		汝瑱					汝璪							汝幵
崇智		崇濟	崇頤	崇需	崇発									崇宗
必年	必愷				必烈	必澮								必聖
					良璋									

						汝夷				汝嶬	汝羿			
崇允		崇禮〔三〕	崇璒			崇愛	崇駒		崇驊		崇彪			
必延			必琫	必洞	必濼	必儆	必灤	必湅			必起	必越	必赴	
良宥	良圭					良濟						良琚	良櫏	良栎
友紘														

										善溶				
									汝譖	汝⿰氵翻				汝翊
					崇地	崇瀴			崇崽	崇芸	崇窼	崇謙	崇榪	崇詻
必⿺走显		必趨	必⿺走惠	必𧺆	必僼	必倣	必濱	必淨				必珆	必琙	必珗
良櫞	良棍		良櫰											

				必璆	良樕
					良柱
		汝翾			
		汝翔	崇迎		
贈武節郎不既	善質				
	善擇	汝詣	崇佖		
			崇侹		
		汝从			
		汝棘	崇敔		
		汝虤			
		汝絲	崇鉦		
			崇璥		
			崇瓃		
			崇璸		

										訓武郎不濫			
善幾			善壽	善定						善寘			
汝讙	汝邇	汝脘		汝生		汝逵			汝道	汝爵			
				崇倏	崇伉	崇偹		崇倜		崇受	崇慨		崇摧
				必理	必珅	必嵩	必嶤	必企		必鐎	必輦	必瞉	必誠
					良綺			良稷					

						右千牛衛將軍士壹			右班殿直士攽
		武翼郎不刻			不移	不失	不壞	成忠郎不復	
	善巽	善暠							
		汝企	汝漳	汝滈					
必註									

贈昭慶軍節度使、會稽郡公士峕									
成忠郎不卷	武德郎不騫								
	善傳		善修	善管		善畬	善椃		
	汝訮	汝崎	汝塈	汝杚	汝棱	汝淟	汝賽		
		崇珍					崇玜	崇瑳	崇瑕

贈武翼郎不疚				保義郎不惛						贈武略郎不默	
善挻				善[扌希]						善甄	
汝亭	汝診	汝僤	汝綖	汝亳		汝孌	汝鋙	汝鏞	汝鋹	汝紆	汝郴
				崇璙	崇鑭					崇侂	
				必湍						必鐈	

													右千牛衛將軍
													成忠郎
善錫												善欽	
汝援	汝池	汝裁				汝摶				汝拾	汝指	汝[illegible]	
崇瀋		崇峪	崇[illegible]		崇淙	崇蟠	崇蟾	崇蜿	崇虹		崇暟		
			必哈	必瞳	必偈								

懷王、諡榮穆宗暉						
沂王、諡恭憲仲損						
士弢	士津	右班殿直士瓏	太子右內率府副率士涑			右監門衛將軍士沖
不辭	不倚		從義郎不隋			成忠郎不惡
			善序			
			汝贇			
			崇紀	崇英	崇誠	
				必潢		

右千牛衛將軍士澤　集慶軍節度使、開國子士圃

成忠郎不鑄　追封崇國公、諡宣簡不息

善臨

汝淡　汝鐺　汝訓　汝諿

崇豫　崇陶　崇龔　崇系　崇咸　崇纘

必海　必灌　必渾　必淲　必倈　必儕

			善防						善下				善詠	
		汝詁	汝檜				汝旒	汝旗	汝坙	汝至	汝酉	汝臣	汝詠	
			崇曜	崇旼	崇睢	崇映	崇稭	崇穰				崇槁	崇秔	崇秲
必佋	必傲							必溱				必弫		

							爰	恭王仲						
贈太保、					制士勿	內殿承	直士瀫	右班殿						
			不闐	從義郎	不昏	修武郎								
			善勝											
			汝詁							汝諦	汝誟			汝註
			崇驄						崇纅	崇綪	崇線	崇繚	崇緂	崇績
	必㹈	必倌	必傁											

慶遠軍節度使士檻	忠翊郎不敝				
	成忠郎不頻	善分			
	成忠郎不恚				
	贈武節郎不震	善首	汝蘧	崇燦	必謠
					必訨
					必浛
				崇烑	
				崇熷	必璽
					必岳
				崇烇	

												均州觀察使士珉		
					從義郎不拘								秉義郎不綠	
			善豫	善澎		善騏	善驥				善驌			
						汝憚	汝濯	汝迷	汝迫	汝遺				
崇灯		崇炵				崇⿰火青	崇玲	崇璊	崇珹					
必⿰禾咠	必稞						必混		必洮					

武節郎不紛	善齦	汝忑	崇遷		
			崇墍		
			崇儷		
			崇[illegible]		
承信郎不紐	善容	汝秉	崇炯	必湶	良栥
				必浙	
		汝敵	崇涂		
			崇浣		
			崇稹		
	善平	汝鑒	崇滋	必櫻	
				必槐	良儃
				必杉	
				必[illegible]	

											善璣			
	汝鍈		汝鉐				汝鏌					汝盥	汝漟	
	崇[illegible]		崇濡		崇[illegible]	崇涀	崇淲	崇[illegible]				崇梩	崇楣	崇構
必榴	必橚	必櫚	必樋	必柳	必粲			必台	必右	必吉	必合			
	良僄													

											右監門	衛大將	軍士琛	右監門
						贈左衛	大將軍	不灣						
					善瑤			善運						
	汝賢						汝霖	汝均	汝鐂					
崇橎	崇瀊			崇衿	崇裮				崇泭	崇洴				
	必採			必樑										
	良炂	良焠	良熅											

		濟國公、	謚良仲	沇										
衛大將	軍士開	贈左屯	衛大將	軍士圓	贈昭慶	軍節度	使、清源	公士园						
							武經郎	不隔						
								善課	善宥					
									汝對					
									崇禳	崇⿰礻咸	崇祮	崇⿰礻奥	崇祦	崇樌
									必戚					必奇

			贈福州觀察使、濟陽侯士崢								
			贈武顯郎不懾								
			善廓	善芃	善荃						
					汝誼		汝諕		[illegible]		汝譄
崇檳	崇根	崇栳			崇賟	崇貯	崇漣		[illegible]	崇憫	
必茉		必詰					必棨	必栒	必拼		

			廣陵侯	士礝										
忠訓郎	不廢	忠訓郎	不航	贈朝議	大夫	不昊								
						善讓	善瓌							
							汝計	汝詠			汝諺	汝謣	汝甾	汝詣
								崇品		崇唫				
								必攔	必滘					

							會稽郡公士宭	
	忠翊郎不暴	贈左屯衛大將軍不瘦					武節郎不忼	
	善穎	善龔	善輖				善動	善歖
汝琚	汝誼	汝献	汝潰	汝淒	汝爀	汝混	汝庤	汝洞
	崇敷							

										太子右	監門率	府率士	文	太子右
			贈秉義	郎不沾										
	善淵			善翹										
汝廖	汝諳			汝俺	汝詠	汝鯨	汝緜		汝淑					
	崇玫	崇迸			崇蒍		崇荐	崇犕						

		景城侯仲璲				
監門率府副率士率	太子右監門率府率士倓	右班殿直士粲	贈右領軍衛將軍士仕			
			贈武略大夫不祜			成忠郎
			善眭			
			汝隋		汝薛	
			崇寔	崇胥		

太師、樊王、謚榮〔三〕宗輔

贈左屯衞將軍仲念
太子右內率府副率仲諫

潤國公士筏
太子右內率府副率士才
右監門衞大將軍、榮州刺史士訣

不沈
成忠郎不畏

華國公、謚孝仲　歡

太子右監門率府副率士瓅　右班殿直士濡　右侍禁士魁　右班殿直士俱　敦武郎士閎

不愚　忠翊郎不怯　不愚

武經郎	士䁙									
成忠郎	不操	保義郎	不窺	從義郎	不求	成忠郎	不忘	成忠郎		
					善颺					
					汝公	汝略	汝紘			
					崇壬	崇霸	崇曇			
					必輔	必容	必縉			

從義郎　士椉　右千牛衞將軍　士愒　太子右監門率府率士　麟　贈利州觀察使　士璼

不畲　忠翊郎　不鑾　不比　贈武經大夫不　蔽

善䐓

汝覓

宗懇　宗墾

必伊

良漽

													善若	
	汝[illegible]									汝瞪		汝旼	汝晴	
	崇壏	崇壐				崇培				崇均	崇址		崇謚	
必俐	必傚	必伃	必佅	必傒	必僁	必偓	必儻	必侍	必儦		必衚		必彲	必僡

贈武經大夫不偏

善彝

汝巘　汝暇　汝繽

崇訪　崇⿰言林　崇坦　崇灡

必僚　必從　必儅　必潛　必濫　必濱　必液　必洌　必瀌　必璝

良淘

右千牛衛將軍士松								
忠訓郎不圖	不蹂保義郎	不𥩟成忠郎						
汝綏								
崇濬	崇澇	崇錭	崇錁	崇鈂				
必𤩽	必瑝	必玞	必鏻					

		左班殿直士侏	太子右內率府副率士惹		右千牛衛將軍士性	
不恎	修武郎不曒		保義郎不圩	成忠郎不愧	成忠郎不噭	成忠郎

光山軍承宣使仲琢

右監門衛大將軍、貴州團練使士耻
贈保寧軍節度使、謚忠果士跂
太子右內率府副率士

不狼
不悖
從義郎不鷗

善尨

結

右監門衛大將軍士得

贈開府儀同三司、永國公士訓

贈眉州防禦使、通義侯士禍

保義郎不礦

武節郎不瘉

善僕

善沱

汝璘

汝琳

汝璩

汝鈉

汝鐩

崇柟

太子右監門率府率士謳	太子右監門率府率士夓	太子右監門率府率士融
善汾	善洴	善洗
汝鑯	汝略	汝鏓
崇傚	崇碟	崇𥓓
汝鋺		

太子右內率府副率仲瑀	贈左領軍衞將軍仲龐	儀王、謚恭孝仲湜					
贈太傅、吉國公士從							
武功郎不遶	成忠郎不逪	贈朝散郎不逪					
善名	善蒙						
汝俊							
崇禋	崇禑						
必助	必鬐						

						贈光祿大夫不邀								
				善俌				善約	善宜			善寯		
	汝倌			汝倫	汝餘				汝脊	汝錤	汝鉎	汝員	汝賀	
崇禒	崇庥	崇釦	崇嚶	崇敍	崇收						崇瀸		崇⿱上皿	
					必熚						必樆		必璽	必⿱夾土
													良汴	

		善兟	善晛						善訂			善荀			善譬
			汝麃			汝貲			汝綖			汝蘔	汝緝	汝墺	汝賛
崇盟			崇羡	崇劖	崇徚	崇遻	崇迲	崇燮	崇墀	崇圤		崇役		崇匡
必坐	必墍													
良錤														

					保義郎不逶		贈正奉大夫不邃							
									善俱					善玭
汝鬒	汝曈	汝頌	汝榜	汝欘					汝濂			汝浟	汝涺	汝驊
				崇壽					崇櫔	崇機	崇榅			

右班殿直士衡　贈太傅、威義郡王士街

右宣教郎不逗　不速　從義郎不迂

善彤　善譒　善度　善琢

汝鷀　汝聘　汝滏　汝㶟　汝洞　汝兌　汝爲

崇檻　崇豈　崇崼　崇懈　崇淵

朝議大夫不洌									中國公	不遡			
善珉					善玖		善瑱	善琨		善玲		善謹	善旹
汝璉	汝檮				汝橒	汝濬		汝欄		汝瑼		汝抗	汝浥
崇烠	崇爠	崇葵								崇樢	崇梜	崇鋌	崇愛
		必鑣	必鏄	必鑗									

			福州觀察使、兼濮王檢察尊長	不迻						秉義郎	不遻
				善璵					善玕		善璡
汝灑		汝溥		汝薿			汝葳	汝萊	汝曖		
崇鼎	崇箋			崇綽	崇俏	崇儢					

贈左領軍衛將軍不淹	善珇	汝机		
		汝毣		
忠翊郎不濯				
武翼郎不陋	善湘	汝穮	崇煛	必壆
				必垒
			崇熞	
		汝梓	崇燓	
			崇燢	
			崇燚	
			崇焂	
			崇熨	

														贈少師、
								善潼					善洎	
							汝楷	汝相	汝□					
崇燾	崇然	崇美	崇炗	崇灵	崇夾	崇䓇			崇莫	崇奰	崇昊	崇要		

永國公	士術													
成忠郎	不訥	贈武翼	大夫不	迫	忠訓郎	不迆								武節郎
				善敉		善略	善琭							
				汝警			汝情	汝价			汝愯		汝恰	
							崇埻	崇坎	崇墭	崇堤	崇埒	崇塼		

贈太師、新定郡王〔四〕士籛

不廷　武德郎不酷　贈朝議大夫不

善顧　善翥　善瑄

汝峪　汝岫　汝峸　汝盥

崇𣅜　崇晎　崇晐　崇樣　崇櫒　崇櫑　崇椏

偈											右承事郎不佚		贈奉直
善親	善璆	善溥	善珌		善閱			善侖			善渥	善顏	
		汝讀	汝階	汝錦	汝誄			汝譏		汝讞		汝間	
		崇徽			崇僝	崇廷	崇衎	崇踦	崇端				
								必栢					

大夫不	俗									贈太中	大夫不	捐		
	善純	善粲	善琛				善杏	善潯				善沘		
			汝躬			汝遺	汝篆	汝槐	汝枠			汝濮		
			崇傁					崇耎				崇樲	崇棺	崇桂
			必袠	必褱	必衷									

														贈太師、
								武翼郎不倔						
	善琳		善流		善瞻		善裨		善璂	善廈				
	汝瓌	汝琅	汝叟	汝瑃	汝瞬	汝漟				汝䀹	汝盼	汝䐶	汝䏴	
崇枝	崇潼		崇仳		崇穹	崇熠								

新安郡王士衎	右承奉郎不圯			
	保義郎不促			
	文林郎不勉	善騤	汝萬	
		善騆	汝要	
			汝紘	
			汝嘉	
		善駪	汝縚	崇濎
				崇⿰氵舜
	從事郎不梧	善琤	汝銆	
		善壐	汝綞	崇徽
			汝綪	

贈少師、永嘉郡王士程

贈武節郎不泯　朝請大

善瑠　善識　善畱

汝釦　汝鏝　汝鉞　汝鍧　汝奮　汝傪　汝倢　汝儛　汝伒　汝曚　汝箕　汝筒

崇苹

必濤

夫、直寶	謨閣不	㦧							承議郎	不貲				
		善駷			善垍					善論		善綵		善紡
		汝樺	汝[illegible]		汝晙	汝畛				汝惪	汝膜	汝契	汝糟	
			崇宂	崇巋	崇壇	崇萺	崇箖	崇笵		崇贇			崇晾	

右文殿修撰不鄭　承議郎不熄

善渡　善春　善曾　善莒　善啓

汝⿺辶查　汝⿺辶雷　汝⿰月寅　汝腶　汝陪　汝陔　汝鷩　汝陲　汝倎

右千牛衛將軍				
士摯				
武安軍承宣使、開國伯、權知濮安懿王金圜令士石	贈秉義郎不如	善瑛		
		善鷳	汝鉍	崇忙
	襲封嗣濮王不嫖	善轙	汝曨	崇假
				崇⿰亻咸

			贈通直郎不騖					武德郎不騖				朝奉郎
	善墊		善話		善弁			善虎		善龍	善麒	
	汝穆	汝琝	汝忿	汝意	汝汗	汝滓	汝湒	汝鹿			汝宁	
崇伽				崇茨	崇禮		崇栟	崇嵥	崇嵋			

不[illegible]				不殺 忠訓郎	不悟 武經郎		不朽 從義郎				
善[illegible]		善璃		善趨	善沔	善湮	善侶	善沚	善鷩		
汝洴		汝齊	汝庄	汝鄙	汝旴		汝穜		汝稴		汝秡
崇旨	崇曹						崇衡		崇樛	崇櫚	崇檥

					嗣濮王士歆					
		從義郎不縻			不讕	贈保信郎、承宣使不閱				
		善墀				善芝	善董	善蕃	善菖	
汝穓		汝枝	汝柣	汝劚					汝俱	汝垂
崇橝	崇稻									崇悚

			汝墓
		善桂	
	朝散大夫不憮		
	領貴州刺史、進封開國子不捷	善薰	汝賢
		善靚	
開國公			
士峴	保義郎不劉		
	武翼郎不穖	善琅	
	通直郎不贊	善烏	

		不嘈進封開國子					不佟進封開國伯		
善翌	善璥	善薌	善埶			善繁	善季	善澪	善孛
		汝忠	汝鑌	汝鑄	汝鑑	汝銉	汝檄		

咸寧郡王仲羽			
右千牛衞將軍士鼃	右監門衞大將軍、文州刺史士総	太子右內率府副率士慓	右監門衞大將軍、果州
成忠郎不勱			

刺史士棵	成忠郎不戇
太子右監門率府率士柳	成忠郎不貸
太子右監門率府率士鏑	成忠郎不甥
太子右監門率府率士訪	
太子右	

監門率府率士諫	太子右監門率府率士載	太子右監門率府率士閎	贈開府儀同三司、永國公士矩
			迪功郎不異
			善種

金州觀察使仲強

右班殿直士閎
右千牛衛將軍士慳
右千牛衛將軍士鄯
太子右內率府副率士

不他

善峒
善岷

	根
貴州團練使仲郞	右千牛衞將軍士峴
	太子右內率府副率士昆
	太子右內率府副率士飭
莫州觀察使仲嘗	右千牛衞大將軍士驃

贈左領軍衞將軍仲璒〔六〕

太子右監門率府率士勣

武翼大夫不壅

善岑

善峴

汝嘻

汝哨

汝曕

汝畓

汝[illegible]

汝瞰

崇柵

必[illegible]

簡王、謚

贈右屯

太子右內率府副率士峪

太子右內率府副率士潤

太子右內率府副率士淋

善囐

汝噉

穆孝仲　增　永寧郡王、謚敦

衛大將軍士郊　太子右監門率府率士巩　太子右監門率府副率士耿　供備庫副使士

朝奉郎不俅　忠訓郎不佐　不佻

			惠仲譙勛	左侍禁士粘	從義郎不偕			
					贈武節郎不浮	善𧼮	汝甂	
					不譤			
				右監門衞將軍士慺	不薇			
					成忠郎不惎			
					贈少保、追封蔣國公不祛	善範		

		善簵		
		善輻	汝曰	崇稵
		善軥		
		善軿	汝燦	
			汝拯	
		善轔	汝控	崇畢
太子右監門率府率士慎	成忠郎不棼			
	成忠郎不迺			
	贈奉議郎不塞	善琇		
		善希	汝羽	崇瑯

					太子右內率府副率士忼	太子右監門率府率士類	太子左監門率
					忠訓郎不識		
		善讙	善階				
	汝脩	汝翹	汝猻	汝詡			
崇鐈	崇理	崇鋌	崇時				
	必淘						

			嗣濮王	仲理										
府率士	審	贈武略	大夫士	翕										
			武節郎	不邇					贈武翼	大夫不	虧			
				善施	善心		善專	善肅			善久			
					汝韜		汝平				汝譽	汝立		
					崇玥						崇燡	崇碻		
					必鍠	必晐					必塑	必洛	必淑	
					良僡								良瓚	良玫

												從義郎	不泥	贈武功
					善本									
				汝覺	汝覘	汝訑	汝訡	汝諄	汝源					
	崇質			崇凱	崇穎	崇翔			崇過		崇迹			
必助	必濚	必洞	必溥	必軨		必墡			必峒	必崼	必瑥			
		良梨	良栝											

大夫、果州團練使不慵												
善規	善綸							善邦		善馳		
	汝昆	汝晟	汝鏻		汝鏞	汝錠		汝新	汝敝	汝存	汝法	
	崇歔	崇沾	崇淳			崇遷	崇櫼			崇仂	崇椲	崇栝
		必珂	必玶	必璋								

善賙													善類	善晅
汝賞	汝弈	汝謐			汝誴	汝畬	汝秀			汝訇	汝嚳	汝詖		汝壽
	崇檑	崇䙴		崇靁	崇虒		崇朴	崇櫾	崇槤		崇簣	崇箏		崇什
		必坐	必墐		必宏									必球

秉義郎　不吝　不倨

善至

汝訊　汝綸　汝滮　汝峴　汝巍　汝嶅　汝岏

崇輧　崇珽　崇玞　崇璩　崇環　崇瑯　崇攽

必琀　必璛

贈少師	不倦													
	善救		善訴	善堅										
	汝輝			汝鍔	汝銛			汝鐩					汝鑰	
	崇岕	崇岷		崇邊	崇濤		崇濡	崇濉	崇偬		崇澢	崇泞	崇澮	
	必榶				必樀	必恍			必機	必構			必樫	必林
	良燿												良焯	

								善丕					善掀	
		汝鐵						汝豊			汝陟	汝升	汝粲	
崇洋	崇溪	崇潚	崇河			崇湳	崇沂	崇岌	崇岕		崇陟		崇敫	崇嶶
			必集	必柔	必燊			必激	必澍	必浼				必召
								良佪						

								從義郎	不訌					
							善盤		善詔					
				汝梁					汝璿	汝璩		汝郕		
		崇孜	崇敞	崇鎮	崇鎌	崇鉅			崇檔	崇澮	崇濰	崇犖	崇駰	崇瞶
必膺	必凱									必僎				
										良䄍				

									善辰					
汝洤			汝候			汝訝		汝簵		汝秉		汝埜		汝璊
崇推	崇埭	崇埤	崇杆	崇祰	崇禱	崇櫧	崇榬	崇伍	崇葵	崇陴	崇梠	崇灑	崇蔴	崇檷
必伸	必修	必僾												
	良超													

			善恪					善惵	善恮					
汝玳	汝耒	汝璥	汝英	汝珏			汝珂		汝奄	汝奩		汝奝		
	崇陪		崇琨	崇佮	崇備	崇恭			崇種	崇機	崇稶	崇烋	崇掃	崇坏
										必往	必衡			

														太子右
			善傈	善憚										
	汝伳	汝奄		汝枝	汝瑳					汝珈	汝路			
崇巃					崇灼		崇拂	崇代	崇彶		崇祕	崇擕	崇擐	
					必涫	必濽								

內率府副率士巇
右班殿直士忳
右班殿直士䟦
太子右內率府副率士順
右千牛衛將軍贈武顒

不蠱
成忠郎不消

善儆

士灌													太子右	監門率
郎不殆											秉義郎	不慥		
善慮				善懷			善渏							
汝轍	汝軸	汝軼	汝鍾	汝輢		汝⿺辶咸	汝輈	汝輶	汝軻	汝轔				
崇遒	崇漆			崇璇	崇瑗	崇璃								
必嘌				必俆										

府率士勤										
成忠郎不剝	忠訓郎不劀					贈武顯大夫不貳				
	善慖			善睦		善叓				善洞
	汝謹	汝諟	汝議	汝謞		汝姝			汝燿	汝墦
	崇鄰			崇梓	崇穡	崇涓	崇家	崇鈂	崇鷩	
	必企			必灑	必涯				必池	
	良瑭									

	善常								善鳴					
汝崘	汝埴		汝垓						汝玶					
	崇淳	崇杉	崇鍾	崇鉉	崇銳	崇鐵	崇際	崇防	崇壘	崇墒	崇迆		崇𨗿	崇迈
			必椖							必淜	必澊	必潔		

					右千牛衛將軍士淣							
					武翼大夫不汰							
				善越	善辨	善欅		善偲				
			汝瑙			汝踥		汝瑇				汝鐠
崇遲	崇逬	崇溰				崇闓	崇闐	崇儵		崇憖	崇惑	
								必巍	必頂			

							右班殿直士瀀	贈少師、永國公士豢			
								贈朝請郎不斲			
				善夷				善偕	善鏐		
汝錧	汝鐇	汝灟		汝慽	汝軌	汝鄉			汝[illegible]	汝盥	汝樸
		崇急	崇忞	崇𡫯							

												太子右	監門率	府率士
不佝	武經大	夫不征	武翼大	夫不蟠		武翼郎	不齟			訓武郎	不觚			成忠郎
		善責		善悾			善濛	善崧			善樊			
		汝扶		汝洚				汝憓	汝汀					
				崇寧	崇櫨				崇主					

		嘉國公、謚孝恭仲篤			
書	太子右監門率府率士侃	贈金吾衛將軍士羿			
不談		訓武郎不顯		秉義郎不睽	贈武功大夫、蘄州防禦使不陘
		善选	善喆		善依
					汝振

		善比	汝脊		
			汝揚		
			汝揮	崇粱	
				崇幹	
			汝拼		
		善攻	汝摸	崇謨	
			汝抖	崇座	
				崇廖	必徯
右千牛衞將軍士勢	贈武經大夫不孤	善鮮	汝鍊		
			汝届		
			汝鎏	崇埽	
				崇衛	
	不題				

贈威德軍節度使、建安侯士珊	武翼大夫不戕	善暉	汝愿	
	保義郎不愊			
	贈武經大夫不讒	善穓	汝汚	崇瑥
				崇珵
			汝涇	
			汝漳	崇墰
				崇墐
			汝澠	
			汝湞	

	贈建州	觀察使、	建安侯	士匽										
			忠訓郎	不賈	贈武經	大夫不	嚻							
							善銓					善提		
汝濼							汝嶙		汝嶓	汝嵾	汝岵	汝嵦	汝嶒	汝嶢
							崇筵	崇湄						

											太子右內率府副率士謝	
												忠訓郎不妣
	善齗	善裁			善決	善蒦				善以		
汝㮚	汝屹	汝崲	汝嫖	汝秮		汝嵎	汝峮	汝屺		汝嘯		
		崇龔						崇禮	崇繇			

贈少師、集慶軍節度使、東陽侯士諭	贈武翼大夫不窋	善洪	汝鍄		
			汝鉉	崇莒	必珛
					必琠
				崇蓮	必瀼
					必玧
			汝鏷	崇咏	必原
			汝鏈	崇蕊	
			汝鑾	崇諂	
		善課	汝鈉	崇蕾	必僭
					必僞
				崇芊	必傑

				善誦										
汝鍇	汝鎜		汝鎮	汝錝	汝鈁	汝鑈				汝鏊	汝鈊			
崇苞	崇萛	崇蓆	崇薗		崇芠	崇薪	崇茁	崇虁	崇菁		崇蕫	崇菏	崇茯	崇蔡
必珤	必懕										必璲			

					右千牛衞將軍士毫	右千牛衞將軍士扁	太子右內率府副率士化
						保義郎不呰	
善諸			善遲				
汝鈅			汝釜				
崇蕭	崇墠	崇垶	崇護	崇諸			

太子右內率府副率士廓				
贈昭信軍節度使、安康郡公士穴	武節郎不拔	善系	汝轐	崇[王東]
		善點		
		善澡	汝洗	崇[車工]
	武翼大夫不夃	善應	汝東	
			汝[氵射]	
			汝瀸	

武翼大夫不軼							武經郎不隋					
善蓀				善薏	善茹	善芊	善籈	善籆			善箳	
汝輻	汝轙	汝䡵	汝輇					汝俳	汝彼	汝作	汝俴	汝衘
	崇峉							崇瓔				

			贈昭慶軍節度使、建安侯士彙						
	不拒	不愊	修武郎不謏	朝奉大夫不戒			修武郎不諛		
				善圄			善莘		善日
汝徉				汝僖			汝淍		汝世
				崇樛	崇鐮	崇講	崇桃	崇𥟖	崇僪
								必睦	

太子右監門率府率士惵									太子右監門率
贈武翼大夫不愨							不訥	不克	
善霈							善保	善淵	
汝畗	汝皋		汝𡍼			汝畐	汝亩		
崇䅻	崇耕	崇耜	崇耒	崇耔	崇鋤				
	必夔								

安康郡公仲戩　康平侯仲瀛

府率士位　右千牛衞將軍士嶄　太子右內率府副率士問　右千牛衞將軍士聞　右千牛衞將軍士蔽

					淄王宗	逸								
				沂國公、	謚良信	仲覽								
贈感德	軍節度	使、開府	儀同三	司、安康	郡公士	綸								
					朝散大	夫不佾								
						善酏								
						汝明			汝能					汝薈
						崇堯			崇宋					崇舜
						必登	必立		必表					必忠
							良瓆	良瓘	良珂	良珙	良璹	良璞	良瑭	

														武經郎
						善酕	善戲							
				汝奭	汝悅		汝耔					汝卿		
		崇第					崇柔					崇盈	崇盛	
必越	必美	必博	必馨				必及	必晉	必蕃	必靜	必戒			
			良儲				良樸	良瑪			良溲			
							友澇							

贈觀察使、益川侯士載						
不儉	三班奉職不倦	不迪	右班殿			
善資	善施	善圖	善榮			
汝興	汝顯					
崇佋	崇復	崇至	崇壟			
必傭	必浹	必瀓	必汃	必涑	必滓	

													贈武經	大夫士
直不億	保義郎	不俅	不由	成忠郎	不要	保義郎	不厌	秉義郎	不瀌					右班殿
		善諷							善榮					
									汝極					
									崇侢					
									必佀			必僊		
									良巍	良峕	良崗			

暎												
直不話	贈武經大夫不詘											
	善學											
	汝士											
	崇德	崇効				崇辨						
		必鏮				必攻			必鮫	必儆		必㲉
		良檢	良机	良檜	良俔	良鉌	良鉍	良鐖	良環	良瑛	良瓛	
		友譓				友焥			友瑙			

													善令	
							汝弼					汝賢	汝商	
	崇政						崇擢	崇釗	崇庸	崇安			崇彰	崇行
必政	必成		必權		必憓	必慈			必滂	必本			必運	
良漢	良服		良機	良櫸	良膽					良琠	良玥			
	友倫	友偮												

						善彰								
						汝味								
崇韞				崇散	崇鞠	崇立	崇教		崇至				崇用	
必晲	必⿰目果	必⿰目達	必棣	必瑇			必⿰亻角	必侑	必綢			必纁	必⿰火朱	必燖
良彌	良恝						良模		良際	良⿰阝唐	良珙			

											武經郎不諮		
											善陟		
		汝艮								汝儻	汝峯		汝魚
崇式	崇忩	崇北	崇癸		崇夛	崇灡				崇復	崇遡	崇融	崇甄
			必鑒			必鉌			必鑗	必窵	必瓔	必班	必瀏
			良倫	良儲		良穎	良頭	良滇		良述			

													不誕	不蹇
									善院					
				汝聲	汝谿	汝唐	汝璵	汝湖	汝檡		汝柚	汝楣		
崇嶬			崇蚸	崇餿		崇登			崇𠘧			崇爽		
必𠐐	必徎	必洒							必琡	必珃				

滕國公、謚溫仲翩

太子右內率府副率士泉

贈青州觀察使、北海侯士僎

不頤

從義郎不敏

登仕郎不悔

三班奉職不作

忠翊郎不藏

成忠郎不劫				
成忠郎不怖				
贈武節郎不淤	善矩	汝厭		
		汝璪	崇潘	
			崇濯	
			崇澽	
		汝灘		
	善岧	汝祺		
		汝椅	崇嶼	必簫
				必逡
				必綵
				必善
			崇崘	
			崇嘯	

贈武節														
武翼郎	不箭	成忠郎	不疑											
				善緘										
					汝俌			汝杓			汝禚			
					崇杇		崇僵	崇倠	崇過	崇漈	崇湘	崇岷	崇崝	
					必沓	必縫	必灵	必寚			必鐐	必綠		必細

郎士侗 右監門衞大將軍士僎 太子右

不瑑

善始 善僾 善稷 善燮

汝杆 汝茱 汝梠

崇竣 崇嶟 崇翽 崇竚

必鐺 必緹 必紡 必縱 必繹 必綬 必綰

內率府副率士侏

校勘記

〔一〕宗室世系十六　大典本（影印永樂大典册一三三卷一三〇一八）作「宗室十九」。

〔二〕崇禮　本行以後缺大典第三葉一葉，不補。

〔三〕諡榮　按宋會要禮五八之八三作諡榮孝，疑表脫「孝」字。

〔四〕新定郡王　當作「新安郡王」。按宋會要帝系三之一七記士䉡追封事：「皇叔祖檢校少保安慶軍節度使同知大宗正事士錢，乾道五年二月，贈少師，追封新安郡王。」「士錢」乃「士䉡」之誤，同書帝系七之一隆興元年，任安慶軍節度使同知大宗正事的正是「士䉡」。

〔五〕濮安懿王　「安」原作「王」，按濮安懿王是英宗父允讓的封、諡號，見本書卷二四五本傳。宋會要禮四〇之一一有士石權知園令的記載，又載全銜作「知濮安懿王園令」，據改。

〔六〕仲璒　此名原在下欄「士勣」之上，下二欄「不壅」及以下各名原依次在「士勣」之下，都據大典本移後。「仲璒」以後並缺大典本第二十三、第二十四葉，不補。

宋史卷二百三十一

表第二十二

宗室世系十七

贈太師、昌王、諡端孝宗晟			
鄆王、諡康孝仲御			
太子右內率府副率士褀	右班殿直士騤	右班殿直士棨	

奉議郎士轂	修武郎不測				
贈中奉大夫士驪	秉義郎不泒				
	贈中散大夫不阿	善侶	汝樵	崇闉	
				崇褎	必搭
			汝岦	崇肇	必梅
					必棣
					必机
			汝耕	崇齋	
				崇爽	
				崇淹	
				崇奚	

左班殿直士婔　權主奉濮安懿王祠事、贈太師、

忠訓郎不拐　贈光祿

善唯　善占

汝櫔　汝辪　汝匱　汝艱　汝豹

崇陜　崇瀕　崇溜　崇邦　崇鄞

循王士	儤													
大夫不	凡	右朝請	郎不議											
			善寬	善斫				善筠	善續					善綝
				汝籌	汝執		汝崇		汝僮	汝術		汝髦		汝禺
				崇朝	崇慽	崇憤	崇懻			崇扔	崇搢	崇桐	崇嵾	崇懱
							必瑔			必擢				必岁

					善閗							善頤	善擢	
		汝䑇			汝愭							汝礪		
		崇碏	崇[illegible]		崇徐		崇譓					崇詎		
必諗	必謹	必訹		必訏	必遆	必稱	必揚				必升	必明		必巖
								良璇	良璐	良琿	良琝	良樴		

							汝冉	汝艘	汝磐					汝俞
	崇砡		崇礐			崇凝			崇嚚	崇野	崇滃	崇頎	崇頔	崇備
必譃	必櫾	必椁	必珉	必琊	必璊								必賏	必出

					善涓									
汝般					汝起		汝族		汝曈		汝郜	汝竚		汝⿱大㗊
崇禹		崇仇		崇倖	崇鳳	崇詎	崇臬	崇檻	崇異	崇嬰	崇⿰氵吏	崇掀	崇鑿	崇晁
必翊	必竫	必竱	必竣			必讖				必忐				必諄

			不捌	萊國公	不柚									
	善惚				善諝								善証	善諄
	汝咸				汝瀾	汝溯			汝洧		汝澥	汝浤		汝假
	崇敏	崇信			崇纚	崇楁		崇櫚	崇摶	崇稸				崇沐
必謳						必玲	必珊							

武經大夫不嬰	善璲	汝倪	崇穩	
	善朋	汝侄	崇祓	必霙
			崇袖	
			崇殺	
		汝展		
	善懋	汝輗		
		汝軾	崇寶	
	善族	汝蒹		
	善嶙			
贈武經郎不鄙	善肇	汝堦		
		汝垤	崇納	必椟

									贈武翼郎不替					
	善壁		善堤			善敊	善穮	善筆						
汝墿	汝壃	汝杖		汝錚		汝瀝	汝滋		汝庙		汝璼			
			崇濼	崇淖		崇穛				崇嵲	崇巘	崇□	崇經	崇縡
						必攸								

								左班殿直士秸	左班殿直士徹
	武節大夫不讓				武經大夫不訾		武節郎不浃		
善淞	善緋			善馥	善繪		善塍		
汝戩	汝悬	汝[illegible]	汝慹	汝惡	汝響	汝適	汝折		
	崇伽	崇倚		崇弤					

右領軍衛將軍士槻	贈右屯衛上將軍士况								
	贈銀青光祿大夫不羣								贈中散大夫不
	善興	善惿					善忖		
	汝淇	汝淐		汝液	汝源	汝澐	汝洌	汝滜	
		崇蘧	崇籧				崇邐	崇遏	
		必璩							

廥														
善穥	善譓	善秀	善訢					善諤						
汝濬		汝涽	汝湘	汝洄	汝澡		汝浹	汝澹				汝溆		
				崇楗	崇檄			崇橀	崇柔	崇橚	崇杇	崇椳	崇樛	崇橲
				必愈	必譙	必烋								

													右監門衞大將軍、榮州			
								武節郎	不損							
善稼						善曦			善倬	善禔	善陶					
汝池	汝潮					汝[氵御]	汝涏									
	崇樏	崇橲	崇櫨	崇棆	崇樅											

防禦使士妟	權主奉濮安懿王祠事、贈太師、韶王、謚恭靖士樽			
成忠郎不競	保義郎不乏	贈中大夫不悅		
		善周	善璜	
			汝笈	
			崇穤	崇叀 崇儋 崇傆
				必訫

	善坫	汝期	崇婷	
	善輳	汝昪	崇豐	
		汝龏	崇聰	必塡
	善恕	汝昞	崇儵	
	善夔	汝賏	崇儀	
			崇瑛	必楙
朝奉大夫不刊	善詷			
	善表			
	善詹	汝耘		
	善奮	汝毗	崇渲	
	善沄			
贈光祿大夫不寤	善貪	汝標	崇俾	

善愁		善據					善許	善蔭						善悚
汝墼		汝眭	汝鏧	汝焄	汝范	汝憮	汝漣	汝繩	汝訶		汝滿			汝虢
崇鑾					崇竺	崇珃			崇燱	崇炤	崇霍	崇電	崇霳	
必淙	必流													

											贈武節大夫不野		
							善終	善耔	善弇	善璁		善⿰扌村	善楺
汝訕	汝焆				汝燡	汝傑	汝劉					汝瀚	汝渺
	崇墅	崇囿	崇因	崇圖		崇霞							

							秉義郎不陧		贈武顯大夫不臞		
	善備	善抑	善邁			善熹	善琮		善濬		
汝浮		汝桃	汝濟	汝滮	汝鋇	汝琕	汝融		汝墉	汝壜	汝堭
崇檯				崇裔			崇拌	崇筍	崇鐠		

善湜				善潤					善沃				善湛	
汝鑨	汝玎	汝鑮	汝鑋	汝鏃					汝憚	汝謚	汝諡	汝炌	汝鑠	汝址
崇埫					崇峨	崇岍		崇嵰	崇巖					
							必樅	必椋						

									保義郎不藥	保義郎不卽	訓武郎不惝
善湝				善瀏								善淶
汝橦	汝檀	汝棣	汝柜	汝扯	汝杇		汝攘	汝挹				
		崇熑			崇蒡	崇茲						

	善淇	汝嵓		
		汝巉		
	善澣	汝嵱		
		汝巋	崇琰	必楙
		汝崱		
從義郎不譏	善脆	汝事	崇彭	
	善腴			
從義郎不羨	善秛	汝𤈦		
		汝薇	崇槧	
	善耦	汝渠		
		汝櫖		
忠翊郎不轉	善鏖			

右監門衛大將軍、吉州刺史士栅	保義郎不㙞			
	保義郎不腆			
右監門衛大將軍、貴州防禦使士棨	贈武翼大夫不嫚	善展	汝砝	崇依
				崇偒
		善杲	汝礥	崇霆
右監門				

衛大將軍、吉州刺史士諒	
右監門衛大將軍、吉州刺史士鄙	不誵
右監門衛大將軍、吉州刺史士陟	
贈少傅	

和國公	士嗛													
保義郎	不昊	贈武翼	大夫不	适							保義郎	不嫛	保義郎	不怚
				善藏			善晬							
				汝滽	汝泮		汝頩	汝槧	汝棉	汝璛				
					崇郤	崇黨								

										太子右	監門率	府率士	繼	太子右
訓武郎	不牽		成忠郎	不恍	武節郎	不磨		武經郎	不肅					
	善蕖	善暢				善鑾	善琰		善彪					
		汝仳				汝築								
						崇璃								

監門率府率士腥	
太子右監門率府率士穖	
太子右監門率府率士選	
贈明州觀察使奉化侯士遜	不彼

北海郡王仲聘

太子右監門率府率士瓢

右班殿直士奐

武德郎

贈宣教郎不僥

右班殿

善紳

善培

善綸

善絪

善阯

汝奐

汝夔

汝樊

汝臭

汝鏵

汝秴

士穌			左領軍	衞將軍	士趎									
直不器	右侍禁	不代		從義郎	不游			保義郎	不鐸	忠訓郎	不潛			贈朝議
					善及						善古			
					汝鬻		汝親				汝礪		汝寶	
					崇選	崇陑	崇渹				崇槦	崇汯		
												必鐊		

			太子右監門率府率士嵘			太子右監門率府率士鞸	太子右監門率府率士
大夫不座				不潤	不儔		
	善括						
	汝譽	汝謩					
		崇穗					
		必莊					

覿	太子右監門率府率士鑾	右班殿直士燈	贈建寧軍承宣使、建安郡公士[illegible]			
			成忠郎不痛			
			善耘		善機	善相
			汝物	汝宿	汝徯	汝[illegible]
			崇濁		崇瓊	崇琛

							贈鄧州觀察使、南陽侯士䮝	
				忠訓郎不煩			秉義郎不㦤	
							善優	
	汝徇	汝徥	汝𧞤				汝怙	汝憒
崇珛	崇瑼	崇𤩽	崇羿					崇渤
								必埝　必坲　必堛

太子右內率府副率士鄷	太子右內率府副率士梗	左班殿直士悅	左班殿直士幉			
善俞						
崇溗	崇渳					
必壖	必榱					

左班殿	直士亘	太子右	內率府	副率士	塼									右監門
				忠訓郎	不懦									
					善辭			善營	善陞	善闉	善膺			
					汝賁	汝貢	汝質				汝民			
							崇迣				崇嶒	崇譾	崇噲	
												必御		

衛大將軍、貴州團練使

士礐　右千牛衛大將軍

士菸　右千牛衛大將軍

士嶮　太子右監門率府率

士森　太子右

監門率府率士	鋪	太子右內率府副率士	巾	太子右監門率府率士	閭	太子右監門率府率士	闐

保康軍節度使、開府儀同三司仲蟻

右監門衛大將軍士㨥　右監門衛大將軍、吉州刺史士挻

修武郎不混

善飭　善可　善專　善賡　善椿　善璀

汝仟　汝棫

崇樴

蕭王、謚恭僖宗博

東平郡王仲檜

右監門衛大將軍、榮州防禦使士授　右監門衛大將軍士持　贈通奉大夫士瑓

贈光祿大夫不弃

善岡　善惃

汝諦　汝諉　汝譊　汝誇　汝秩

崇潺　崇濼　崇勳

								善究						
			汝彥			汝意		汝奇						
崇守	崇正	崇反	崇原		崇密	崇莠	崇藺	崇裕			崇禮			
			必拆					必鉷	必鎦	必沾	必迭		必遼	必邅
			良朋	良服				良瑯	良濼	良湅	良玑	良琈		

		忠訓郎	不磧	從義郎	不苟									
					善詮									
					汝砥						汝楫			
					崇儌	崇俄	崇償				崇明	崇靜	崇樽	崇黽
必遭	必遛				必稵	必贁	必穗	必惡	必俸	必懽	必儴			
											良鉤			

朝奉郎士㒈
榮州刺史士冶
右千牛衞大將軍士庫
合州刺史士玻
右監門衞大將軍士信
太子右內率府副率士

肂						東牟侯仲歇	
右監門衛大將軍士滮				右監門衛大將軍士志	贈左領軍衛大將軍士慔		
忠翊郎不䛳					秉義郎不恃	修武郎	
善豪							
汝譹							
崇鈿	崇楛	崇釪	崇熇				
必坒							

不老				修武郎不呁									
善絹	善縜			善韓				善貫			善護	善庋	
	汝楫			汝營		汝㺀		汝邴	汝佋			汝嵩	汝潔
	崇礫			崇格		崇錫	崇珠	崇址	崇埁	崇垺		崇廣	崇嶧
	必𨘵		必聘	必懌	必慨		必愭	必鐔		必絟			
	良顥	良闓	良闋										

忠翊郎														
	善軏		善需					善惟						
	汝埤	汝詹	汝瓚					汝隆	汝瓖	汝甄	汝頵			
				崇鉿	崇爚	崇乙		崇闔			崇塙	崇峻		崇鏈
				必瀊	必璅			必泠					必瑙	必瑛
							良瑕	良摒					良洴	

不悒保義郎	不弱成忠郎	不恨贈武德郎	不偏					
			善昻					
			汝宷	汝楹				
			崇鈋	崇鈑				
			必艫	必槄	必桁	必竽	必篿	必箱
			必薇	必曜	必眿			

善棐						善賞		善汙	善鬲	善鼏				善鼐
汝櫳					汝椅	汝籆		汝𨋩		汝驪	汝騄		汝騶	汝詗
崇璽	崇鈺					崇緝	崇緮	崇爈			崇晐	崇時		
必琒	必遈													
	良籌	良符	良簫	良簽										

											崇國公	仲香		
			右監門	衞大將	軍士憬	右監門	衞大將	軍士睽			左班殿	直士徂	右監門	衞大將
							成忠郎	不汨	忠翊郎	不讐				成忠郎
										善顒				
汝鈲	汝鑌													
崇清	崇竣	崇弧												

軍士平	吳興郡公士傑											
不僻	贈武翼大夫不撓											
	善宜											
	汝綨					汝纁			汝纓	汝紵		
	崇泜		崇潤	崇沬	崇濡	崇簡			崇榮	崇欒		
	必銜	必徠				必桄		必椱		必潛	必琌	必條
						良涇	良淂	良讛				

			贈武節郎不怵							武節郎不悗		
	善熊		善祁							善積	善工	
	汝緒	汝絍	汝濛		汝寔				汝瀜		汝海	汝淳
崇禠	崇愐	崇鈹	崇塤		崇堛	崇塡	崇垩	崇壍	崇坡			崇楲
		必軻	必鐩	必銖					必壢			

	武德郎	不陵												
		善杠		善維					善臻				善昱	善蘄
		汝繹	汝綏	汝絢		汝料	汝緖	汝絨	汝紋		汝紼	汝緇		汝緘
崇鋒		崇汾	崇淀	崇漪	崇潯				崇落	崇捷				
		必鏞								必顉				

					贈武德郎不間								
					善力	善莪						善蕡	善葑
汝紡	汝纘	汝緹	汝繰	汝緬		汝蘗		汝澴	汝沝	汝淼	汝𣡕	汝鉀	汝瀆
崇沅						崇鑲	崇鑽					崇櫬	

右監門衛大將軍士緆							
成忠郎不咎	贈武義大夫不怡						
善儲	善勸						
汝涒	汝縱	汝絳	汝絯	汝縮	汝緼	汝綮	汝棗
崇壂	崇壁	崇瑩	崇秩	崇禘			

			善聘							善鑄	善加			
汝緑	汝纙	汝絇	汝縑				汝紓			汝級	汝縕	汝綠	汝紺	
崇係	崇瀧	崇欑		崇浰	崇數	崇挺	崇敎		崇緵	崇烶	崇穲			崇禶
		必伳				必堪		必臺	必壏					

										善嚋	善騩			善覬
				汝綵	汝繸			汝絅			汝紾	汝縉	汝緷	汝崌
崇汥	崇根	崇榴	崇樹		崇稒	崇秔	崇稸	崇秆	崇穮		崇鑴		崇𢼸	

贈太師、崇王、謚孝溫宗

右監門率府率

右監門衛大將軍士英

太子右監門率府率士光

不瀫

不澎

成忠郎不悅

善誼

汝岻

崇誶

瑗

仲伊

建安郡公仲詰

左班殿直士崙

右千牛衞將軍士鈐

贈右千牛衞將軍士鉞

太子右內率府副率士鏵

右千牛衞將軍

						信都侯仲譔
士鐳	贈左領軍衛將軍士納		贈右監門衛將軍士鉤	太子右監門率府率士羨	右班殿直士遭	右班殿
	贈武翼大夫不闕					
	善潭	善諟				
		汝睿				

直士笴 右班殿直士跦 贈右監門衞將軍士仉 贈右監門衞大將軍士顯

贈朝議大夫不辭

善纁

汝擢 汝拭

崇淦 崇炷 崇滁 崇枻

必賁 必嵒

			善肖	善將						善讚			善凝	
	汝接			汝墉	汝拂				汝擧	汝撰	汝授	汝揀	汝揔	汝操
崇爟	崇闉	崇閭		崇焱	崇熯	崇芒	崇蕭	崇烘	崇熄					

太子右內率府														
善器		善孫	善璘	善蹈										
汝掞		汝捧		汝撣		汝捍		汝拄			汝柄	汝括		
	崇閱	崇闔		崇篋	崇鏵	崇鐐	崇晴	崇爊	崇嚕	崇昭	崇煌	崇曖		
												必從		

副率士	崹	太子右內率府副率士踱	秀州刺史士駍							
			武經郎不蹉							
			善翊							善箴
			汝杞				汝楝	汝樞	汝櫹	汝槃
			崇炑	崇煠	崇熼	崇燆	崇壝			崇賢
							必鍥			必瑱

														贈右領
												忠訓郎	不踦	
						善婧								
汝渠	汝沐					汝采	汝讀	汝薰						
	崇圻				崇槖	崇忝		崇爍	崇熰	崇渟				
	必鏆	必鏑	必鉦	必鐥				必鉥	必鋑	必鉤	必钃			

軍衛將軍士佃			太子右內率府副率士碬	武翼大夫士紏		
贈武略郎不𢡱	保義郎不粗			不硫	保義郎不誱	贈訓武郎不誚
善晉	善布					善璠
汝訥	汝錮					汝吟
崇𢖍						崇示

								善紐	善賓					
					汝襲			汝稟	汝璥	汝鳴	汝听	汝叡		
崇諷	崇杏	崇炑			崇燁	崇燃	崇炢	崇鑯		崇霆		崇苡	崇蒔	崇茲
		必坦	必坙	必墀						必墧		必灖		

		善昈												
汝歔		汝畋	汝洨				汝溏			汝滮			汝禨	
崇澄	崇𤅷	崇冶		崇稓	崇𥢶	崇稺	崇𧗠	崇秺	崇秝	崇𥟂	崇爕	崇岎	崇峯	崇蘵
必穫														

											贈修武郎不泛			
		善封					善鈗				善講	善讀		
汝敹	汝徹	汝附				汝防	汝剖		汝韶	汝誙	汝派	汝熇		
崇湅		崇溟			崇瀴		崇炬	崇熮				崇衕	崇衜	崇衙
		必悛	必鏞	必楳										

			武德郎	不哤		保義郎	不譹	成忠郎	不壬					
		善整		善昂	善楙				善縜					
汝蹇	汝寓	汝莠			汝眸				汝轒			汝輜	汝軺	汝輍
崇衡									崇淳	崇瀺	崇檴			

				汝興	
華陰侯仲詔	士灑	承議郎贈武德郎不恚	善嶢	汝春	
			善誨	汝焴	
				汝熠	
				汝波	崇佯
					崇桄
				汝洛	崇鏵
					崇鉽
	贈少傅、永國公士洪	武德郎不讓	善纓	汝霽	
				汝灊	
				汝頔	
				汝秈	

安康郡公仲譁	右千牛衛將軍士鉞	保義郎不猥	
	太子右內率府副率士鉽		
	右監門衛大將軍士鐙	保義郎不好	
		武經大夫不洿	善飾
			善域
			善菁
			善茵

右千牛衞將軍士練

善嵾

太子右監門率府率士妃

右千牛衞將軍士蘇

保大軍承宣使仲譁

太子右內率府副率士鑽

右監門衛大將軍士劾												
贈武經大夫不慮												贈武經大夫不害
善盅		善盥	善瑢		善詀	善悃						善宗
汝僎	汝晶	汝閱	汝楑			汝圪	汝堉	汝濄	汝泝			汝諍
崇逌		崇捆	崇宿	崇秣			崇湆					崇譁
												必詾

	善纘						善尹	善績	善絅					
	汝龔	汝灉	汝𨧚	汝熅		汝瀸	汝墣			汝詽	汝諰		汝譆	汝詾
崇𥑮	崇瑁				崇候	崇僻					崇棒		崇鋸	崇瀆
											必櫰	必嘇	必槮	

			贈太師、襄王、諡恭憲宗愈						
			祁王、諡敦孝仲僕						
			贈左武衞將軍士爛	右千牛衞將軍士功					
			贈和州防禦使不跲						
			善超						
		汝華	汝澤		汝岺				
	崇徽	崇蔚	崇齡			崇逌	崇迸	崇迎	崇硫
必港	必灟								必鵬

不潰	秉義郎													
		善則	善爲	善卷		善省	善養							
		汝沄	汝建	汝拲		汝匯	汝釗	汝幾						汝雖
				崇巍	崇渻	崇潛						崇楹	崇材	崇椐
											必漈	必汲		必璁
									良懇	良忠	良恵	良悳		

			忠州團	練使士	鑌									
成忠郎	不儦	不譢		訓武郎	不奪					忠翊郎	不紊	成忠郎	不貧	成忠郎
					善廙	善祗	善該							
							汝傳		汝鐔					
							崇軾							
							必洊	必泳						

	右班殿直士畿			貴州團練使士癹			榮州防禦使士囂	
不反	忠翊郎不訾	成忠郎不弄		保義郎不曠	成忠郎不醁	成忠郎不孤	成忠郎不卑	

	房陵郡公仲琿						
	贈右金吾衛將軍士絅					太子右監門率府率士紃	贈寧國軍節度
成忠郎不㥫	武翼郎不汏					成忠郎不穲	
	善徐	善如	善縄	善瑩			
		汝家		汝諵	汝諿		
		崇積			崇槀		
		必淕					

使、奉化侯士觱														
武德大夫不憎				贈光祿大夫不慍										
	善徯	善曉					善衍	善闓				善閱		
	汝遽	汝迾	汝適	汝途			汝瑁	汝瑊		汝琰	汝㻐	汝珣		
	崇⿰礻麗	崇釋	崇⿰禾登					崇送	崇錤			崇鉷		崇鐖
									必漣			必湉		必壚
												良樚	良欙	

太子右監門率府率士溫　太子右

善閱

汝璾　汝珸

崇錍　崇釪　崇鉺　崇逵　崇冲　崇丘　崇師

必滌　必發　必臻　必任　必伉

良諔　良讃

		感德軍節度使仲緦			保慶軍節度使
監門率府率士最	太子右監門率府率士琫	右班殿直士丱	右千牛衛將軍士嶒		右班殿
			保義郎不屈		

仲璫								
直士盥	太子右內率府副率士墍	右千牛衛將軍士堲						
		贈朝議大夫不憚						
		善宰						
		汝昌						
		崇庚	崇穆	崇協	崇制			崇克
					必澮	必澾	必漻	必鐺
					良槤			良詔

平江軍節度使仲皎

太子右內率府副率士培　右班殿直士爌　太子右

保義郎不[illegible]

汝大　汝共

崇假　崇石　崇合　崇僘

必鈗　必敷

內率府	副率士	迆	楚州防	禦使士	嵁							
		不戔	贈武翼	大夫不	懽							
				善抗	善博	善撝						
				汝譟		汝澳	汝濡	汝涸	汝漝	汝洔	汝淌	汝衍
				崇扒						崇掠		崇鐏
												必璩

太子右監門率府率士讜

太子右內率府副率士海

保義郎不細

太子右內率府副率士浹

右監門衛大將

汝湇

建寧軍節度使仲習

軍士霰　太子右內率府副率士須　右監門衛大將軍士崔　榮州防禦使士宛　吉州刺史士酌　贈太師、咸安郡

忠翊郎不繞　朝散郎

王士劃													
不尨				朝請郎不病									
善僑	善朴	善僚		善偉					善侁	善付			
汝比		汝伃	汝僮	汝統			汝緎	汝莒		汝琈	汝嶟	汝濩	汝諯
				崇珥	崇玦	崇琡	崇⿰王复	崇淥					崇坆
													必潙

太子右內率府副率仲章					
太子右監門率府率士篴					
善滄					善淶
汝秘	汝秭	汝䅚	汝䅘	汝穚	汝瓛
崇墐					

華原郡公仲嬂	太子右監門率府率士㐌				
	太子右監門率府率士嵚	忠翊郎不怩			
	太子右監門率府率士摽	脩武郎不狷			
	東陽郡公士陪	贈武節郎不匱	善輯	汝碻	
			善昇	汝㞷	崇瓔

贈利州觀察使
不讄

善簨
善懃
善玠
善𤨏

汝湖
汝祀
汝犨
汝珛
汝珼
汝珬
汝儹
汝講
汝儁

崇琢
崇瑫
崇謆
崇譨

	修武郎	不顯												忠翊郎
		善鍵				善霶	善杓					善輅		
汝慕		汝伶	汝傺				汝町	汝吭	汝嘐			汝暍	汝昄	
			崇縛	崇臺	崇坒		崇瀆		崇台	崇漟	崇嘿			

					安康侯士晴				
不隨					保義郎不取	秉義郎不騤	左領軍衛將軍、開國男不惎		
善汯		善瀞				善赳	善玞	善淮	
汝朦	汝熜	汝鐵		汝鑼			汝爍	汝樽	
崇佩	崇徂	崇焆	崇浣	崇潔				崇墄	崇坰

			右千牛衞將軍士蕙	太子右監門率府率士前	太子右監門率府率士璌
		忠訓郎不趨	忠翊郎不䌥		
		善屇			
		汝岂			
崇壖	崇堩				

贈太師、潤王、謚僖惠宗

贈華州觀察使仲從　莘王、謚孝僖仲

太子右監門率府率士惓　太子右內率府副率士庢　太子右監門率府率士垺　贈武勝軍節度

武節郎

隱							
癸							
使士譚					右班殿直士延	贈右領軍大將軍士硝	
不獨						不吝	保義郎不雜	贈武翼大夫不
善樽						善愛	
汝愳	汝琥	汝鑑		汝識			
	崇玉	崇儁	崇俠	崇潑			
	必櫟			必楅			
				良儉	良僄		

誐														
善知									善訊					
汝遂									汝義				汝蔿	
崇威	崇祐	崇啓	崇忭	崇祏	崇昱		崇昬	崇勔	崇諭				崇翣	
	必漨			必漾	必迒	必涘			必瑞	必瑨			必玵	必鈅
										良絟	良繸	良絪		

							善懥							
							汝瑞		汝馨					
	崇霈	崇棨					崇堯	崇力	崇柄	崇㝠	崇手			
必玠		必礥	必硄	必磏	必䃉	必𥖁					必讀	必誷	必譁	必諳

太子右內率府副率士碩

忠訓郎不庡　忠訓郎不俙　成忠郎不恌　成忠郎

善融

汝鼐

崇鴐　崇隆　崇勳　崇励

必稷　必櫄

		不校	
		成忠郎不惑	
		保義郎不吁	
	太子右內率府率士鄯		
	太子右監門率府率士伎	成忠郎不思	
河東郡王謚孝良仲霜	內殿崇班士抆	訓武郎不朋	善松

贈左千牛衛將軍□□

右班殿直不識　贈寧武軍節度使不冒

善籌　善貽　善節　善綜　善膺

汝徠　汝縣　汝彌　汝漼　汝弇　汝契　汝介

崇伻　崇㢸

必庋　必甯

		善頌		善成										
		汝櫎	汝楡	汝郁				汝鄰		汝郲	汝鄒	汝邦		汝⿰宣阝
崇⿸广豆	崇張			崇篪	崇諕			崇嚴	崇勃			崇鏊	崇鉑	崇⿰弓㐱
					必悉	必捍	必拓	必昻	必昭					

				秉義郎	不輟								贈朝散大夫	不僾
					善礪					善甸	善應			善哲
汝鄜			汝邸		汝漚		汝秀			汝靁	汝曬			汝勳
崇灊	崇瀟	崇滆			崇勸	崇彸	崇諠	崇旨	崇鍃					崇巘
									必嘫					

							善慈							
		汝赫	汝朋		汝岫		汝孖	汝楠			汝郯			
崇越					崇瑮	崇琭	崇瑢		崇巁	崇城	崇岃			崇畱
必濆	必欙	必懰		必㥾	必悚	必涏						必怗		必惠
												良增	良靖	良娛

西頭供奉官士耀
贈左領軍衛將軍士儲
右班殿直士護
修武郎士貴

成忠郎不退
成忠郎不遺
忠翊郎不隘

善棎

汝炏

崇逾
崇珎
崇瓍

福國公、諡純僖仲麗

右班殿直士俸
贈太師、賀王、諡孝敏士夽

保義郎不儦
追封滕國公、諡恭靖不微
朝議大夫、直祕閣不羈

善確
善磻
善曒

汝狃
汝玵

崇激
崇壄

贈太師、安化郡王士太誳

朝議大夫不謭　贈朝議大夫不

善鉅　善硯　善碤　善居　善礜

汝璚　汝扂　汝雒　汝多　汝尾　汝湎　汝㤐　汝蒠　汝氐

崇腆　崇腛　崇珚　崇玔　崇墂

	善迎			
	善芬	汝慮		
		汝悳	崇謑	
		汝想	崇綊	必奎
		汝思		
		汝懕		
	善曼	汝寯		
	善箎	汝琗		
		汝璹		
		汝琟		
		汝玣	崇禊	
		汝璬	崇鍇	
右奉議郎不賊	善悰			

贈朝散大夫不濈

善濡　善職　善棹　善億

汝禱　汝縓　汝撤　汝禥　汝僆　汝[亻壹]

崇[亻褱]　崇傜　崇僥　崇俴　崇勢　崇勨

必棉　必榜　必櫸　必檏　必樾　必楅　必[illegible]　必畔

				贈武功郎不凗										贈朝奉
善旌	善愰			善克					善有					
汝墜	汝頠	汝顯		汝邃		汝濡	汝綝		汝諶	汝譢	汝訨			
				崇禥	崇果		崇搸	崇捨		崇[illegible]	崇弦	崇寂	崇宵	

大夫不	騁				贈承議	郎不呰								
	善堪	善垓				善嚮								善琉
	汝庡	汝庈	汝儹	汝輊		汝愜			汝惆	汝忟			汝愔	汝換
	崇㤞					崇㤢	崇㤞	崇㤴		崇眫	崇䁮	崇睬	崇澫	崇霈

		不刓	文林郎											
	善彪	善多		善東					善起					
	汝奜			汝俅	汝浣			汝埈	汝潞	汝橙				
	崇鏴				崇遈	崇瑀	崇崖	崇碧	崇瑲		崇霧	崇露	崇霽	崇霖
必漻	必瀔							必邅						

		訓武郎不孱						贈武德郎不躍						
		善蘧						善鷩		善鐙	善鏞	善烈		
汝逫		汝芮		汝漻	汝梱		汝棔	汝膳					汝奬	
	崇慤	崇憓				崇瓛	崇璨							
														必漼

吉州刺史士奔　贈建寧軍節度使、建國公士奇

武翼大夫不馬　成忠郎不郄　保義郎

善芹　善萊　善藎

汝昔　汝各　汝瞀　汝畢

洋國公、謚孝修	仲譚	建州觀察使仲青		
		右千牛衛將軍士鮮	右千牛衛將軍士揚	士冥
				贈開府儀同三
不駔				

				贈左屯衛大將軍仲駰
司、永國公士諳				右班殿直士琦
保義郎不婁	贈左領軍衛將軍不止	右監門衛大將軍、領昌州刺史、開國伯不儳		
	善瀰	善攡	善鴻	

南陽侯仲歘

右班殿直士迎

太子右內率府副率士澎

右班殿直士詵

右班殿直士硞

太子右內率府副率士用

太子右

內率府副率士嶠				
太子右內率府副率士匠				
太子右內率府副率士意				
贈武略大夫士濴	武節郎不羢	善綝	汝駉	崇帆
			汝騚	

右監門衛大將軍仲硯

太子右內率府副率士特

太子右內率府副率士措

太子右內率府副率士匯

不窳

忠訓郎不藝

善耒

漢東郡王宗沔	太子右內率府副率仲足		
	太子右內率府副率仲		
		太子右內率府副率士鈃	
		太子右監門率府率士瓚	

	贈太師、	榮王、謚	孝靖宗	綽										
霽			襄王、謚	康孝仲	縻									
				池州防	禦使士	緟								
					成忠郎	不同	贈武節	郎不醯						
								善紹						
								汝憁			汝悆	汝憙		
								崇鑅	崇銛			崇欐		
								必澔	必湄	必澴		必宴	必家	必寘

									善逢					
					汝恩	汝愬			汝似					
			崇柘	崇櫂		崇譁	崇瑜	崇陔	崇瑨	崇珆	崇璮	崇構	崇珧	崇朷
必實	必寏	必畬		必穹				必譜			必諿	必許		必諆

								秉義郎	不糅					武經郎
善述	善設	善适							善羣	善仟				
汝詳		汝蕒	汝蕭			汝孶				汝懲	汝隰	汝扑		
崇玗			崇星	崇曒	崇[illegible]	崇瞴	崇㬢	崇暎						

贈左監衞大將軍士㮚				右千牛衞將軍士奎	太子右監門率府率士昂		
不淆	贈訓武郎不玷	武經郎不璉	忠訓郎不惛				
善慶							
汝峪							

高密郡公仲譽

太子右內率府副率士梆

太子右內率府副率士鴝

太子右內率府副率士齎

右監門衛大將軍士隺

贈朝請郎不否

善剡

汝悉

右武衛大將軍、濮王、防

右班殿直士樞
右千牛衛將軍士盅
太子右監門率府率士
烟
太子右監門率

善暉
善恪

汝暨
汝歷

崇寏
崇岫

必扔

禦使仲灌〔二〕

府率士詔

太子右內率府副率士友

右監門率府率士度

右監門衞大將軍士施

太子右內率府副率士

太師信岐王諡

右千牛衞將軍、贈左屯衞大將軍仲燦

龥

右監門衞大將軍士紀

忠翊郎不騷

武翼大夫不澳

善頤

汝昕

汝旻

汝暐

汝玞

崇琲

崇玶

崇曖

必誑

必櫏

王、謚康	宗治									
簡獻仲	忽									
安康郡	王士說									
贈銀青	光祿大	夫不柔								
		善契				善法		善待		
		汝戣			汝棫	汝成	汝勤	汝護	汝述	汝逵
		崇果	崇昺	崇昝				崇諲	崇𧼯	崇綷	崇衮
				必毅	必懇			必鉑		必罽	必璯	必常
				良玣								良壁	良忻

					武翼郎	不捨								
						善扆							善廉	善禮
汝遇		汝适				汝櫶								
崇繇	崇纆	崇縝	崇絢			崇彝				崇悬				
	必翼	必翮	必協	必劭		必洋		必淡	必滐	必淄	必涘	必浸		
	良璞					良俰	良儦			良鳳	良鎧	良僼		

					成忠郎	不稼	訓武郎	不忦	從義郎	不愜				
善雍	善庲	善原						善從		善諿	善褻			
	汝專	汝葛									汝麾	汝庶	汝厇	
	崇黻	崇棏										崇㝵	崇寘	
		必烗	必熽	必烻								必漻	必渡	必濨

			保義郎	不鑠	忠訓郎	不䕺								
						善柟								善鑑
						汝迥	汝燁	汝燦					汝熺	
	⿱𡨄心	崇宛						崇顧	崇頒			崇領		
必漣								必唐	必涌	必⿰石甫	必淕	必鈋		

		左班殿	直士琖	左班殿	直士檀	眉州防	禦使士	蹟	贈保寧	軍節度	使士紓			
成忠郎	不慝									贈武經	大夫不	攄		
	善韜											善䚡	善妥	
													汝迺	汝豙

太子右監門率府率士潨	明州觀察使、開國伯士						
保義郎不佇	贈宣教						
善盈	善駒						
汝覝	汝鳳	汝夙					
崇湝	崇漎	崇浙					

籟														
郎不塾														
善𥝮								善穡				善柸		
汝遬	汝蘧	汝邇	汝蓮			汝蓫		汝邁				汝巡	汝籧	
	崇櫝		崇𨯕	崇鏚	崇針	崇鉻	崇鏠	崇俗	崇付	崇俫	崇𨌯		崇棶	崇稠
									必譬					

						保義郎	不墜	不尤	追封永	國公、謚	恭靖不	黯		
善爗		善莅						善淵				善頎		
汝膂	汝菀	汝邁	汝迸	汝遒	汝蓮							汝顥		
		崇熷	崇夷									崇逕		
												必偏	必仔	必住

右千牛衛將軍
士輪
贈鄧州觀察使
士播
成州團練使
士能

善韞

汝量

崇邐　崇逞　崇迮　崇遝　崇逮　崇遽

必僆

榮州防禦使士觀					
開州防禦使士廉					
贈太師、和義郡王士珸	朝請郎不執	善載	汝謐	崇錡	必邅
					必蓮
				崇鍨	
				崇鐌	
				崇鋘	必注
					必灒
					必湜

追封申國公不流

善畿 善卑 善芳

汝護 汝樴 汝戃 汝桍 汝楗 汝諹 汝籆 汝箱

崇鐶 崇釧 崇熑 崇逍 崇遫 崇迪 崇迌 崇遴 崇汝

必滈 必濔 必況

				秉義郎不諞				成節郎不嗷				
	善帯		善芷	善書				善瓚				善摛
汝籥	汝籭	汝簣	汝篨	汝沈	汝驩	汝櫺	汝椙	汝霄		汝鐃	汝金	
								崇倏	崇僦			

				天水縣	開國子	不慼			武節郎	不劬				
善掎						善芸	善蓍			善嵩				
汝遼	汝⿺辶九	汝⿺辶垔	汝迣				汝皆	汝絺		汝瑥		汝蘨	汝菖	汝畬
										崇⿰禾非	崇礫	崇拔		

									秉義郎	不猜			成忠郎	不疷
	善夔							善茀		善蘭		善薇		
汝槳	汝葦				汝蒷		汝蒳			汝蓶	汝俐			
崇磏	崇頎	崇檮	崇檖	崇楙	崇憲	崇懋								

廣平侯仲庠

贈建州觀察使、廣平侯士穦　右監門衛大將軍士檕

天水郡開國伯不慢　從義郎不假　修武郎不炳　成忠郎不諱　武經郎

善𢐐　善証

汝珶　汝琣　汝𤩽

贈安武軍承宣使仲溱	贈建寧軍節度使、清源侯士儆	不敉	善訥			
			善語	汝謁	崇理	必里
				汝蓁		
				汝芙	崇崗	
				汝僽	崇昇	
					崇義	
		忠訓郎不罷				
		贈太中大夫不縕	善從	汝玽	崇阜	必宲
						必害
						必守

善竦

汝珖　汝瑲　汝珇

崇覃　崇淏　崇漄　崇湝　崇淂　崇潜　崇澥

必宇　必家　必稼　必稠　必佇　必倰　必儀　必⿰禾奐　必稼　必梀　必標

良俒　良□　良俵　良御

							善賓						
							汝固						
		崇濎			崇潠	崇澓	崇溙	崇漸	崇橐			崇栗	崇蘗
	必櫄	必楝	必榿	必杖	必耜	必楫	必檏	必迎	必邈	必逌	必䢛	必嶢	必遣
良復	良揖												

			汝胄									汝臣		
		崇棸	崇棨	崇櫳	崇桸	崇築	崇槧	崇檿	崇椶	崇枂	崇栿	崇檩	崇禾	崇欒
必延	必蓮													

不抑 贈中散大夫

善潔

汝聃

崇奠 崇[illegible] 崇獉 崇集 崇朶 崇臬 崇伺 崇儌

必宰 必宖 必[illegible]

良贇 良曡 良賓 良贊

		善諆		善饒	善集			善拳						
		汝[illegible]			汝笥	汝策		汝鑽		汝鋒				汝錄
崇倣	崇[illegible]	崇緝	崇緼		崇[illegible]	崇賷	崇崔	崇液	崇渲	崇沼	崇紓	崇[illegible]	崇綅	
必寵			必賽					必傈						

右千牛衞將軍士暫　太子右監門率

成忠郎不耍

善然

汝[illegible]　汝堡　汝瑱　汝畦　汝壂

崇繕　崇縏　崇緬　崇緩

必寢

府率士顯

右千牛衞將軍士芝

太子右監門率府率士亨

右千牛衞將軍士縕

校勘記

〔一〕右武衞大將軍濮王防禦使仲漼　按本書卷二四五濮王允讓傳，「元豐七年，封王子宗暉爲嗣濮王，世世不絕」，並詳載嗣濮王世次，但無仲漼名字；宋會要帝系二之三九，紹聖三年七月十九日詔，仲漼以父宗綽遺表恩澤，得轉一官。嗣濮王宗綽死後，仲漼並未襲封；繼封的濮王都冠「嗣」字，此處「濮王」上無「嗣」字；又本表體例，官防禦使者都有州名，而此處獨無，疑「濮王」爲「濮州」之誤。